쉽게 풀어 쓴 문법 개념 NOTE

발행일	2015년 10월 16일		
지은이	김 만 수		
펴낸이	손 형 국		
펴낸곳	(주)북랩		
편집인	선일영	편집	서대종, 이소현, 김아름, 권유선, 김성신
디자인	이현수, 신혜림, 윤미리내, 임혜수	제작	박기성, 황동현, 구성우
마케팅	김회란, 박진관		
출판등록	2004. 12. 1(제2012-000051호)		
주소	서울시 금천구 가산디지털 1로 168, 우림라이온스밸리 B동 B113, 114호		
홈페이지	www.book.co.kr		
전화번호	(02)2026-5777	팩스	(02)2026-5747
ISBN	979-11-5585-759-5 13740(종이책)		979-11-5585-760-1 15740(전자책)

잘못된 책은 구입한 곳에서 교환해드립니다.

이 도서의 국립중앙도서관 출판예정도서목록(CIP)은 서지정보유통지원시스템 홈페이지(http://seoji.nl.go.kr)와 국가자료공동목록시스템(http://www.nl.go.kr/kolisnet)에서 이용하실 수 있습니다. (CIP제어번호 : CIP2015026355)

성공한 사람들은 예외없이 기개가 남다르다고 합니다.
어려움에도 꺾이지 않았던 당신의 의기를 책에 담아보지 않으시렵니까?
책으로 펴내고 싶은 원고를 메일(book@book.co.kr)로 보내주세요.
성공출판의 파트너 북랩이 함께하겠습니다.

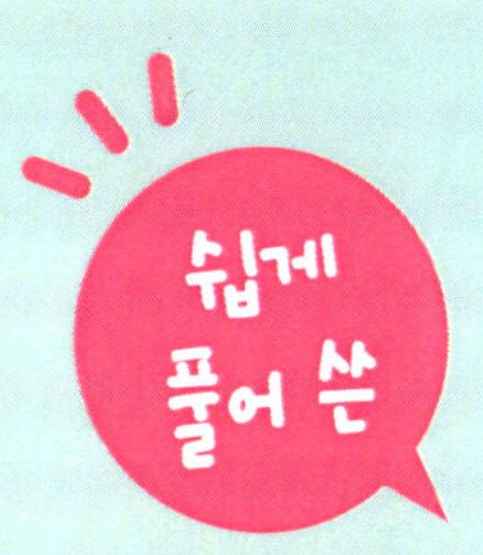

문법 개념 NOTE

김만수 지음

I am sure if you study with this NOTE,
you will get more than you expect.

Eye-Catching Expression

쉽고 자세한 문법 개념 정리

문장구조식 문법 분석 설명

갖고 다니면서 그때그때 쏙쏙 이해 넣기

북랩 book Lab

<u>서 문</u>

국어를 잘하면 영어를 잘한다는 말이 있는데, 정확히 얘기하면 국어를 잘하면 문법을 잘할 수 있다고 생각하면 될 것 같아. 영어의 문장에 대한 설명을 국어로 표현하기 때문이지. 따라서 문법을 배우기 위해서는 국어로 설명하는 문법의 개념을 정확히 이해할 필요가 있어. 국어로 문법을 배우는 이유는 문법을 쉽고 빠르게 정복하기 위해서라고 생각하면 될 것 같아.

여기서 문법을 배우는 이유에 대해서 먼저 살펴볼게. 문법을 잘한다고 해서 회화나 듣기를 잘하게 되지는 않아. 단지 문장의 법칙, 즉 문법을 배워서 뼈대를 세움으로써 영어의 기초를 탄탄히 하고 생활영어 수준 이상의 독해를 가능하게 하기 위해서야. 문법을 공부해도 영어 한마디도 못 하는 게 아니라, 해석을 참고로 영어를 읽으면서 이해하지 않고 유창한 번역 수준으로 문장을 뒤에서부터 해석하려 하기 때문이야.

문법이란 문장의 법칙, 즉 문장을 공부하는 과목이라고 생각하면 될 것 같아.

그럼 지금부터 문장에 대해서 공부해 보아~

저자 **김만수**

독해를 위한 easy 마법노트는 배운 내용이 누적되어 저절로 복습이 되게 문장구조식 예문과 설명을 구성했어. ^^

1. 문법의 개념 정리

기본부터 완성까지 쉽고 자세한 설명과 이해 중심으로 구성했어.

2. 문장구조식 예문 설명

문법의 개념이 살아서 독해할 때 문장에서 보일 수 있게, 예문을 한눈에 보이게 분석하고 구성해서 설명했어.

3. 논리적이고 유기적인 설명

처음인 문장의 구성요소부터 끝까지 유기적으로 연결되는 문법을 논리식 설명으로 구성해서 개념과 구조가 꼬리를 물고 저절로 이해되게 설명했어.

4. 비교 설명

헷갈리는 부분들을 비교해서 설명하고 독해를 위한 문장구조 이해에 불필요한, 문법을 위한 문법 부분들을 통합해서 간단히 정리하여 개념이 쏙 들어오게 했어.

5. 빠른 진도

앞에서 배운 내용을 뒤에서 활용할 수 있도록, 목차 순서와 누적되는 예문과 설명으로 저절로 복습이 되게 설명했어. 뒤로 가면서 잊어버리거나, 잊지 않기 위해 책을 한 번 다 봤을 때 알 수 있는 부분들은 진도를 나가면서 암기해야 하는 수고를 없애서 진도가 빨리 나가도록 구성했어.

6. 영어 어순 해석

예문 해석을 밑에 적어서 빨리 책을 넘기도록 설명했어. 영어 공부를 하는 것이 아닌 영어 공부를 위해서 영어문장 규칙을 공부하는 것이기에…. 그리고 직독직해를 위해서가 아닌 영어적 사고방식을 위해서 영어 어순으로 해석을 정리했어. 우리는 번역 기술이 아니라 영어 이해를 배우는 것이기 때문이지.

7. 이해 중심 서술

문법은 문장구조 내에서 서로 유기적으로 관련성이 있어서 각 부분을 알 수 있게 해주는 단서들이 여러 부분에 널려 있어. 그래서 개념을 단원별 이외에도 문법 지식의 정도에 따라 이해 중심으로 서술해 놓았으니 책을 한 번 보면 문장구조에 대한 감이 올 거야.

Table of contents

서문 · 04

문장구조 문법 Note · · · · · · · · · · · · · · · · · · 05

part 1
문장

unit 1　문장의 구성 · · · · · · · · · · · · 09

unit 2　품사 · · · · · · · · · · · · · · · · · 12

unit 3　문장의 구성요소 · · · · · · · · · 18

unit 4　기본문장 5형식 · · · · · · · · · · 28

part 2
명사와 관사

unit 1　문장의 요소와의 관계 · · · · · 39

unit 2　명사 · · · · · · · · · · · · · · · · · 40

unit 3　관사 · · · · · · · · · · · · · · · · · 44

unit 4　대명사 · · · · · · · · · · · · · · · · 50

part 3
수식어

unit 1　형용사 · · · · · · · · · · · · · · · · 56

unit 2　부사 · · · · · · · · · · · · · · · · · 64

unit 3　전치사 · · · · · · · · · · · · · · · · 72

unit 4　비교 · · · · · · · · · · · · · · · · · 93

part 4
동사

unit 1　동사의 2가지 기능 · · · · · · · · 104

unit 2　시제 · · · · · · · · · · · · · · · · · 104

unit 3　조동사 · · · · · · · · · · · · · · · · 120

unit 4　수동태 · · · · · · · · · · · · · · · · 137

part 5
준동사

unit 1	부정사	145
unit 2	동명사	160
unit 3	분사	169

part 6
접속사/분사구문

unit 1	종속접속사와 종속절	176
unit 2	등위접속사	182
unit 3	접속부사	184
unit 4	상관접속사와 그에 대한 수일치	186
unit 5	분사구문	190

part 7
관계사

unit 1	관계대명사	194
unit 2	관계부사	205
unit 3	복합관계사	209

part 8
가정법

unit 1	가정법의 시제	210
unit 2	가정법의 도치	214

part 9
문장구조의 여러 모습

unit 1	도치구문	215
unit 2	생략구문	216
unit 3	삽입구문	217
unit 4	부정구문	218

unit 1　문장의 구성

notion

문장이란 단어 또는 단어들이 마침표(.), 물음표(?), 또는 느낌표(!)로 끝나면서 말하고자 하는 내용이 끝나는 것을 말해.

따라서 Learn.(배워라.)도 문장으로 볼 수 있어.

sample of sentence

↓문장의 끝(마침표)

|Everyone /needs /to find /an answer /about the meaning /of life.| ← 문장

해석 | 모두는 /필요하다 /찾는 것을 /대답을 /의미에 대해서 /삶의

| 모두는 삶의 의미에 대한 대답을 찾는 것이 필요하다.

어휘 | need 필요하다　find 발견하다, 찾다　answer 대답　meaning 의미

문장, 즉 문법을 공부하기 위해서는 먼저 문법에서 기본적으로 쓰이는 개념에 대해서 알고 공부하는 것이 효율적인 것 같아. 따라서 여기서는 단어와 어휘가 어떻게 다른지, 어휘와 어구의 차이는 무엇인지 등에 관해서 먼저 보고 넘어갈게!

1. 단어 word

단어는 말의 최소단위라고 생각하면 돼. 예를 들어서 Jesus is the life.(예수님은 생명이다)라는 문장에서 Jesus, is, the, life가 각각 단어야. 즉 문장 내에서 빈칸 사이, 사이의 모든 각각의 낱말들이 단어야.

문장에 쓰이는 단어는 각 단어마다 그 쓰임새에 따라서 명사, 동사, 형용사, 부사, 대명사, 전치사, 접속사, 감탄사 그리고 관사로 구분할 수 있어. 여기서 관사 이외의 나머지를 품사라고 해서 하나의 그룹으로 묶어 놓았어. 그리고 이들이 8종류로 나눠진다고 해서 8품사라고 불러. 따라서 단어는 그 쓰임새에 따라서 8품사와 관사로 구분된다고 생각하면 돼.

- 단어 -

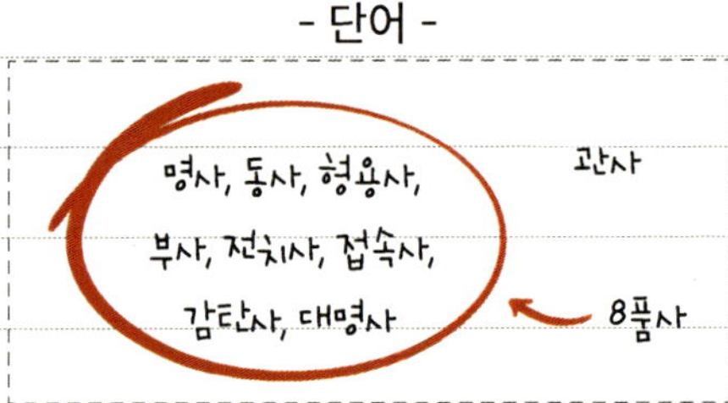

하지만 단어는 하나의 품사로만 쓰이는 것은 아니야. love라는 단어는 명사(사랑)로도 쓰이지만 동사(사랑하다)로도 쓰이듯이, 단어는 문장에서 어떻게 쓰이냐에 따라서 품사가 달라져.

2. 어휘 vocabulary

notion

문장은 단어로 이루어져 있지만, 문장을 이루는 단어는 조금 특별한 의미를 가지고 있어. 문장을 이루는 단어는 어휘라고 하는데, 단어와 어휘는 그 의미에서 차이가 있기 때문이지.

어휘는 사전적 정의를 보면 낱말의 수효, 즉 단어의 낱낱의 수인 개수를 말하는데, 사람들이 어휘라는 말을 주로 사용하는 측면에서 보면 아래와 같이 설명할 수 있어.

영어에서, 어휘란 말의 최소 단위가 아니고 품사의 단위를 의미해. 즉, 하나의 단어가 하나의 품사로 인식될 수 있듯이, 단어들이 하나의 품사로서 인식될 때의 그 단어들을 단어와 함께 어휘라고 불러. 따라서 각각의 낱말들이, 즉 모든 단어가 품사이기에 어휘에 포함되지만, 그 외에 하나의 품사로 인식되는 단어들을 어휘에 포함시켜. 예로는 a lot of가 있어. 단어 a, lot 그리고 of를 합쳐서 많은이라는 뜻의 형용사로 쓰기에 하나의 단어처럼 인식하여 어휘로 보는 것이지.

3. 어구 phrases

notion

어구란 단어들이 문장에서 하나의 품사로 드러났을 때의 그 단어들을 말해. 예를 들어서, Jesus is the life.라는 문장에서 the life는 어구인데, a lot of는 어휘(형용사)로 보지만, the life를 어휘로 보지 않듯이, 어휘는 문장에서 쓰이기 전에 하나의 품사로서 인식되지만 어구는 이미 문장에서 쓰인 여러 단어가 하나의 품사 역할을 할 때의 그 단어들을 뜻해. 이 문장에서 the life는 명사 역할로 보어로 쓰인 명사어구로 볼 수 있어.

notion

품사란 각 단어가 가지고 있는 성격이라고 볼 수 있어. 다른 단어를 꾸며주는 성격(형용사, 부사)이라든지 아니면 움직임을 표현(동사)한다든지 하는 것을 말해.

1. 명사 noun

notion

명사란 우주 안에 있는 모든 것(책상 desk, 물 water, 토성 saturn, 분자 molecule, ...)과 마음 안에 있는 모든 것(사랑 love, 기쁨 delight, 생각 thought, 달콤 sweet, ...)이 있어. 즉 존재하기에 우리가 이름을 붙인 모든 것을 명사라고 해.

부정사를 잘 알 수 없다면 그 이유는 바로 동사, 명사 등 품사를 잘 몰라서야. 명사를 모르면 부정사의 명사적 용법을 열심히 공부해도 알기가 어려워. 하지만 명사를 알면 부정사의 명사적 용법을 알기 쉽고 동사를 알면 부정사의 의미상의 주어나 부정사에 연결되어 부정사구를 함께 이룬 수식어 등을 쉽게 잡아낼 수가 있어.

명사를 정확히 알기 위해서는 명사가 문장의 구성요소인 주어 등과 어떤 관계를 가지는지를 알아야 해. 그 부분은 Part 2 명사와 관사(39쪽)에서 소개할게~

2. 관사 article

> **notion**

관사는 명사와 함께 쓰여, 즉 명사 앞에서 명사의 의미를 구체적이게 하는 역할을 해. 관사에는 정관사 the와 부정관사 a 또는 an이 있어.

관사의 종류

1) 정관사 the

> **notion**

the는 그라고 해석하고 정관사 the에 대응하는 명사가 이미 언급된 것을 나타내는 등 정해져 있다는 의미를 표시하고 싶을 때 명사 앞에 사용해.

the water는 그 물, the sun은 우리의 지구가 돌고 있는 그 태양을 의미해.

2) 부정관사 a, an

> **notion**

a 또는 an은 하나의라고 해석하고 부정관사에 대응하는 명사가 여럿 중 막연한 하나임을 나타내고자 할 때 쓰여.

a desk는 하나의 책상이란 뜻이고, a thought는 하나의 생각이란 뜻이야.

3. 대명사 pronoun

notion

명사는 무언가가 존재한다는 것을 알 때 그것에 이름을 붙여서 우리가 부르는 것을 말한다면, 대명사는 우리가 이름을 부르는 대신에 부르는 품사를 말해. 예를 들어 영희 대신 그녀 she(인칭대명사)라고 하든가, 책상 대신 이것 this(지시대명사)라고 부를 때의 she와 this를 대명사라고 해.

4. 동사 verb

notion

영어에서 품사로서 인식하는 동사란 국어로 ~다로 끝나는 단어, 즉 ~다로 암기하는 품사들을 말해. 동사는 명사의 상태나 동작을 표현하는 품사라고 정의할 수 있어.

'eat 먹다, love 사랑하다, water 물을 주다' 등이 있어.

love는 사랑이라는 명사이기도 하지만 사랑하다라는 동사도 돼. 즉 단어 love가 명사가 들어갈 수 있는 주어 자리 등에 쓰였으면 명사로서 쓰인 것이고, 동사가 들어갈 수 있는 동사 자리에 쓰이면 동사로 쓰인 것이지. 주어나 동사 자리 등은 문장의 구성요소 부분에서 보도록 할게.

be는 있다라는 동사인데, be동사는 주어에 따라서 am, are, is로 표현돼. 존재하다라는 뜻으로 해석되기도 하고 편하게 ~이다로 해석하기도 해.

5. 형용사 adjective

notion

형용사는 우리말 뜻으로 주로 받침이 'ㄴ'인 품사를 말해. 예를 들어서 happy(행복한), kind(친절한) 등이 있어. 형용사는 명사를 꾸며줄 수 있는 품사라고 정의할 수 있어.

kind people(친절한 사람들), happy dogs(행복한 개들)

'사람들(명사)'은 '사람들'이지만, '친절한 사람들'이라고 kind가 people을 꾸며주고 있어.

6. 부사 adverb

notion

부사는 우리나라 말로 이/히/리/게로 뜻이 되는 품사를 말해. 하지만 이외에도 다양해. 영어 단어에서 ~ly로 끝나면 부사인 경우가 대부분이야. 부사는 동사를 수식할 수 있는 품사라고 보면 돼.

'quickly 빠르게, 빨리 / clearly 분명하게, 명확히' 등이 있어.

do clearly(분명히 하다) ➜ 그냥 하는 것이 아니라, '분명히 하다'라고 clearly가 do를 수식하고 있어.

먼저 모든 부사를 알 수는 없겠지만, 부사를 알게 해 주는 단서들을 하나씩 배워가면 될 것 같아~

7. 전치사 preposition

전치사는 명사 앞에 위치하여 그 명사와 함께 하나의 의미 단위(해석 단위)로 쓰이는 품사를 말해. 예를 들자면, in love는 안에 사랑이 아니라 in과 love가 함께 사랑 안에라고 하나의 의미 단위로 해석이 되기에 in을 전치사라고 해.

전치사	뜻	전치사	뜻
on	~위에	in	~안에
at	~에	to	~를 향하여
with	~와 함께	by	~옆에
of	~의	after	~후에
from	~로부터	under	~아래에
over	~위에	between	~사이에
off	~로부터 떨어져서	about	~에 대하여
around	~주위에	for	~을 위하여
up	~위로	down	~아래로
through	~을 통하여	without	~없이

on의 경우 그 의미가 붙어서, 밀착되어, ~에 대하여 등 여러 의미로 해석되지만, 다른 전치사들처럼 함께 조금씩 알아나가면 될 것 같아~

8. 접속사 conjunction

접속사란 주어와 동사가 포함되어 있는 단어들과 주어와 동사가 포함되어 있는 단어들을 연결하는 품사를 말해. 예를 들어서 문장에 when이라는 단어가 있을 때, when이 언제가 아닌 ~할 때로 해석되는 경우, 그때의 when은 접속사로 볼 수가 있어.

↓접속사　　　　↓동사(보았다)　　　　　　↓동사(기억했다)
When [she saw /him], [she /remembered /the days /with him].
　　[동사가 포함되어 있는 단어들]　　　　　　[동사가 포함되어 있는 단어들]

해석 | 그녀가 보았을 때 /그를, 그녀는 /기억했다 /그 날들을 /그와 함께한

| 그녀가 그를 보았을 때, 그녀는 그와 함께했던 날들을 기억했다.

어휘 | ☆접속사 when ~할 때　☆see-saw-seen 보다　☆remember 기억하다

↓의문사
비교) When /did you see /him?

해석 | 언제 /너는 보았니 /그를

| 언제 너는 그를 보았니?

어휘 | ☆의문사 when 언제

9. 감탄사 exclamation

감탄사란 홀로 느낌표(!)와 함께 쓸 수 있는 품사를 말해. 감탄사에는 oops, ah, oh, wow, bravo 등이 있어.

notion

품사로 쓰이는 단어, 즉 그 단어들은 문장을 구성하기 이전에 문장의 구성요소라 불리는 애들을 구성해. 단어 또는 단어들로 이루어진 문장의 구성요소들이 문장을 이루기에 문장을 이루는 애들을 문장의 구성요소라고 해. 따라서 문장의 구성요소란 문장을 이루는 요소라고 정의할 수가 있어.

즉, 문장은 단어 또는 단어들로 표현되어 있지만 이 단어들은 문장을 구성하기 이전에 주어나 동사, 보어 또는 목적어 그리고 수식어라 불리는 애들을 구성해. 그리고 이렇게 품사와 관사로 이루어진 주어, 동사, 보어, 목적어, 수식어가 모여서 문장을 구성해.

따라서 문장은 주어, 동사, 보어, 목적어 그리고 수식어의 조합으로 구성되어 있고 이들을 문장의 구성요소라고 해. 그러므로 문장의 구성요소는 명사 등으로 갈라진 8품사와 관사의 여러 가지 조합으로 구성되어 있는 거지.

동사라는 표현은 품사로서의 동사 또는 문장의 구성요소로서의 동사를 뜻해(10쪽에서 자세히 볼게).
문장의 구성요소는 문장의 요소, 문장의 기본요소 또는 기본요소로 불리는 경우도 있어.

Learn.이라는 문장은 품사로서의 동사 learn이 문장의 구성요소로서의 동사로 쓰인 명령문이야.

문장의 구성요소란 품사로서 주어, 동사, 목적어, 보어, 수식어로 쓰일 수 있는 단어나 단어들인 어휘가 아닌, 구체적으로 문장에서 주어, 동사, 목적어, 보어, 수식어로 쓰인 어휘(품사) 또는 어구(품사 역할)를 말해. Jesus is the life.라는 문장에서는 주어로 쓰인 Jesus(명사), 동사로 쓰인 is(동사), 보어로 쓰인 the life(명사 역할)가 문장의 구성요소가 되는 거야.

단어들이 문장에서 명사 역할을 하면서 주어로 쓰일 수 있듯이, 주어, 동사 등이 모여서 문장을 이루게 되기에, 주어, 동사, 목적어, 보어, 수식어가 문장을 구성한다는 의미에서 주어, 동사, 목적어, 보어 그리고 수식어를 문장의 (구성)요소라 부르게 된 거지.

품사 중에는 단독으로 문장의 구성요소로 쓰일 수 있는 품사들이 있는데 그 애들이 바로 명사, 동사, 형용사, 부사, 대명사야.

↓명사　↓부사　↓동사　↓대명사　↓형용사

Love always made them happy.

주어　수식어　동사　목적어　목적격보어

해석 │ 사랑은 /항상 /만들었다 /그들을 /행복한

　　　　│ 사랑은 항상 그들을 행복하게 만들었어.

단독으로 문장의 구성요소로 쓰일 수 있는 품사들이 있지만 품사들의 조합으로 문장의 구성요소로 쓰일 수 있듯이, 문장의 구성요소인 주어, 수식어 등에서 '어'란 표현은 단어뿐만 아니라 단어들도 의미해.

　그리고 문장 내에서 주어, 동사, 목적어, 보어로 쓰이는 단어 또는 단어들 즉, 어휘나 어구의 문장 내에서의 순서를 어순이라고 해.

모든 영어문장에 문장의 구성요소인 주어, 동사, 목적어, 보어, 수식어가 다 쓰이는 게 아니야.
기본적으로 주어와 동사는 쓰이지만 목적어와 보어는 쓰일 때도 있고 쓰이지 않을 때도 있는데,
각각의 문장에서 쓰인 문장의 구성요소와 그 쓰임의 순서(어순)에 의해서 기본문장은 1형식부터
5형식이라 불리는 기본문장 5형식으로 나누어져 있어.

따라서 문장의 구성요소란 1형식부터 5형식까지 이르는 문장의 형식을 결정하는 구성요소라
고 재정의할 수 있어. 문장의 구성요소로서의 수식어는 없어도 문법에 어긋나지 않아서 문장의
형식을 결정하는 구성요소에서는 제외돼.

그럼 지금부터 각각의 문장의 구성요소와 기본 어순을 살펴볼게.

1. 주어 subject와 동사 verb

Parents love their children.
주어 　　동사 　　　목적어

해석 | 부모들은 /사랑한다 /그들의 아이들을

　　　| 부모들은 그들의 자녀들을 사랑한다.

어휘 | ˚parents 부모　˚children 아이들

notion

　주어란 동사의 주인이란 뜻이고 동사는 주어의 동작이나 상태를 표현하는 어휘 또는 어구야.

기본적으로 주어는 문장의 맨 앞에 위치하고 동사 앞에 위치해. 따라서 동사는 주어 뒤에 위치

하기에 영어 어순은 주어+동사가 기본이야.

　주어는 은/는/이/가로 해석되고 동사는 ~다로 해석돼.

2. 목적어 object

God created everything (in the universe).
주어　　　동사　　　　　　　　　목적어

해석 | 신은 /창조했다 /모든 것을 (우주 안에 있는)

| 신은 우주 안에 있는 모든 것을 창조하셨다.

어휘 | ☆create 창조하다 ☆universe 우주

in the universe는 명사 everything을 수식하면서 함께 목적어로 쓰이고 있어.

목적어란 동사의 동작이나 상태의 대상이 되는 어휘 또는 어구야. 즉 문장에서처럼 창조된 것은 everything이 되는 셈이지. 문장 내에 목적어가 있을 경우 목적어는 동사 뒤에 위치해. 따라서 목적어를 포함하는 문장 내의 어순은 주어+동사+목적어야. 목적어는 을/를 또는 ~에게로 해석이 돼.

Jesus teaches us about the Bible.
주어　　　동사　　목적어　　수식어

해석 | 예수님은 /가르치신다 /우리에게 /성경에 대해서

| 예수님은 우리에게 성경에 대해서 가르치신다.

어휘 | ☆Bible 성경

3. 보어 complement

The paintings remain beautiful.
주어　　　　동사　　보어(아름다운)

해석 | 그림들은 /남아있다 /아름답게

| 그림들은 아름답게 남아있다.

어휘 | ˚remain 남아있다

notion

　보어란 동사의 대상을 보충해주는 어휘 또는 어구란 의미야. 예문에서는 목적어가 없어서 동사의 대상이 주어인데, 주어인 The paintings가 아름답다고 보어 beautiful이 설명해주어 주어의 의미가 보충되고 있어.

　보어는 ~으로 또는 ~게라고 해석되는 경우가 있어.

sample of sentence

Jesus was innocent, but he was crucified for the world.
주어　동사　　보어　　　　주어　　　동사　　　　　수식어

해석 | 예수님은 /이었다 /죄가 없으신 /그러나 /그는 /십자가에 달리셨다 /세상을 위해서

| 예수님은 죄가 없으셨어. 그러나 그는 세상을 위해서 십자가에 달리셨어.

어휘 | ˚innocent 죄 없는　˚crucify 십자가에 박다

description of the sample

　주어인 Jesus가 죄가 없다고 보어 innocent가 설명해 주기에 주어의 의미가 보충되고 있어.

"

Now the earth was formless and empty /when God created /the heavens and the earth.
수식어　　　주어　　　동사　　　　보어　　　　　　종속질　　주어+동사　　　　목적어

(종속접속사)

해석 | 창조된 현재에 있어서 /지상은 /있었다 /혼돈한(혼돈하게) 그리고 공허한(공허하게)

/하나님이 창조하였을 때 /하늘과 지상을

| 창조된 현재에 있어서 지상은 혼돈하고 공허하였어, 하나님이 하늘과 지상을 창조하였을 때.

어휘 | ☆formless 형태가 없는, 혼돈한　☆empty 텅 빈, 공허한　☆접속사 when ~할 때

☆heaven 하늘　☆earth 지구, 지상

구문 | ☆종속접속사란 주어 + 동사~를 다른 주어 + 동사~에 종속되게 연결하는 품사를 말해.

☆종속절이란 종속접속사가 이끄는 주어 + 동사~ 구문이야.

주어인 the earth가 혼돈하고 공허하다고 보어 formless and empty가 설명해주어 주어의

의미가 보충되고 있어.

The Word was God /as he was /the will /from nothing.
　　주어　　　동사　　보어　　　주어　동사　　　보어　　　　수식어

해석 │ 말씀은 /있었다 /신으로 /그가 존재했던 것처럼 /의지로 /아무것도 없는 상태에서

　　　 │ 말씀은 신으로 존재했었다. 그가 아무것도 없는 상태에서 의지로 존재했던 것처럼.

어휘 │ Word 말씀　접속사 as ~처럼　will 의지, ~할 수 있다

description of the sample

주어 The Word가 God이라고 God으로 주어의 의미가 보충되고 있어.

예문에서처럼 be동사 뒤에 어휘가 있으면 그 어휘는 보어야. be동사 뒤에는 목적어가 올 수

없기 때문이지. 보어 외에 수식어도 올 수가 있는데 그 부분은 수식어 부분(41쪽)에서 자세히

마법해 줄게.

4. 수식어 modifier

notion

수식어란 문장 내에서 다른 품사를 꾸며주는 어휘 또는 어구를 뜻해. 수식어는 문장에서 명사 또는 형용사를 꾸며주어 꾸밈을 받는 그 명사 또는 형용사와 함께 주어, 보어, 목적어 등으로 쓰이는 일반수식어와 동사 또는 문장 전체를 수식하여 문장의 구성요소로 쓰이는 문장의 구성요소로서의 수식어로 나누어져.

sample of sentence

일반수식어

God created everything (in the universe).
주어　　동사　　　　　목적어

description of the sample

문장에서 수식어 in the universe가 명사 everything을 수식하면서 everything과 함께 목적어로 쓰였다고 볼 수 있어. 왜냐하면 우주 안의 하나님도 아니고 우주 안에 창조하였다도 아닌 우주 안에 있는 모든 것이라는 의미기 때문이야. 즉 주어도 동사도 아닌 목적어를 수식한 것이지.

국어에서는 앞에서 뒤로 수식하지만 영어에서는 뒤에서 앞을 수식하는 경우가 많아.

sample of sentence

(문장수식)

[As always], [love /makes /them /happy].
수식어　　　주어　　동사　　목적어　　목적격보어

해석 ｜ 늘 그렇듯이 /사랑은 /만든다 /그들을 /행복한

　　 ｜ 늘 그렇듯이, 사랑은 그들을 행복하게 만든다.

어휘 ｜ ☆as ~처럼　☆always 항상　☆make 만들다　☆happy 행복한

문장에서 As always가 문장 전체 [love /makes /them /happy]를 수식한 걸로 보기 때문에, 여기서의 As always는 문장의 구성요소로서의 수식어로 보는 거야.

문장의 구성요소로서의 수식어는 주어, 동사, 보어, 목적어와 달리 문장의 필수구성요소는 아니고 문장의 선택구성요소야. 즉 문장의 형식을 결정하는 문장의 필수구성요소(주어, 동사, 보어, 목적어)와 문장의 형식을 결정하지는 않는 선택구성요소인 수식어가 문장을 구성하고 있는 것이지. 따라서 문장에는 문장의 구성요소로서의 수식어가 없을 수도 있어. 필수가 아니라서.

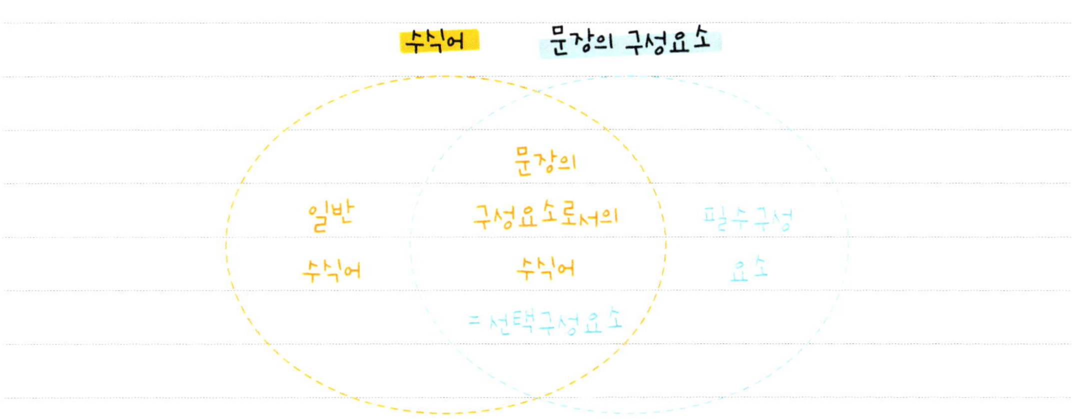

 기본문장 5형식

문장의 구성요소는 필수구성요소와 선택구성요소로 나뉜다고 했어. 하지만 선택구성요소는 문장의 형식을 결정하는 구성요소는 아니라서 문장의 구성요소라고 하면 필수구성요소만을 말하는 경우도 있어.

그럼 지금부터 문장의 형식을 결정하는 문장의 구성요소를 공부해 보도록 할게.

notion

기본문장 5형식이란 영어 문장구조의 기본문장을 말해. 어떤 복잡한 문장도 5형식 중 하나의 형식(구조)이 기본으로 되어 있어.

1형식 문장: 주어+동사

Subject+Verb

2형식 문장: 주어+동사+(주격)보어

Subject+Verb+(Subject)·Complement

3형식 문장: 주어+동사+목적어

Subject+Verb+Object

4형식 문장: 주어+동사+(간접)목적어+(직접)목적어

Subject+Verb+(Indirect)·Object+(Direct)·Object

5형식 문장: 주어+동사+목적어+(목적격)보어

Subject+Verb+Object+(Object)·Complement

1. 1형식 문장 (완전/자동사)

↘自(스스로 자)

This old video doesn't work any more.
　　주어　　　　　　　　동사　　　　　수식어

해석 ｜ 이 오래된 비디오는 /작동하지 않는다 /더 이상

　　　 ｜ 이 오래된 비디오는 더 이상 작동하지 않는다.

보어나 목적어가 없이 주어와 동사만으로 이루어진 문장을 1형식 문장이라고 하고 1형식 문장의 동사를 1형식 동사라고 해. 이 1형식 동사는 완전동사이며 자동사라서 완전자동사라고도 불러.

자동사란 문장 내에 목적어가 없는 동사를 말해. 즉 자동사란 동사의 대상이 목적어가 아니라 주어 자신이 스스로 동사의 대상이 된다는 걸 의미해. 위 예에서 동사 doesn't work의 작동하는 대상은 목적어가 없기에 주어인 This old video인 거지.

완전동사란 문장 내에 보어가 없다는 걸 의미해. 즉 완전동사란 동사의 대상인 주어를 보충하지 않아도 문장이 전달하고자 하는 의미가 완성되어 보어 없이 동사만으로도 문장이 완전해진다는 뜻이야.

예문에서 any more가 수식어로서 doesn't work를 수식하고 있어. 더 이상 이 오래된 비디오가 아니라 더 이상 작동하지 않는다이기 때문이야. 앞에서 언급한 everything(in the universe)에서 명사 everything과 일반 수식어 in the universe를 함께 목적어로 보는 것과 달리 동사 (doesn't work)를 수식하는 수식어(any more)는 동사와 함께 동사어로 보는 것이 아니라, 동사와는 별개로 문장의 구성요소로서의 수식어로 보아~

2. 2형식 문장(불완전/자동사)

The first priority is to be /a good student.
주어　　　　　동사　　　　주격보어

/to be의 보어

해석 | 첫 번째 우선순위는 /이다 /있는 것 /좋은 학생으로

| 첫 번째 우선순위는 좋은 학생이 되는 것이다.

어휘 | ☆priority 우선순위

구문 | ☆toV(to부정사)는 명사(~것)로서 보어 자리에 위치할 수 있어.

be동사 뒤에는 보어가 온다 했지. 그래서 to be는 is의 보어야, 그런데 a good student가 to be의 보어라서 to be a good student는 함께 문장의 주격보어인 거지.

첫 번째 우선순위가 바로 좋은 학생이 되는 것이니까. 의미상으로도 to be a good student는 주어를 보충하고 있는 게 느껴지지~

보어란 동사의 대상인 주어나 목적어를 보충해주는 어휘 또는 어구란 의미야. 따라서 주격보어란 목적어가 없는 문장인, 즉 동사의 대상이 주어인 문장에서 주어의 의미를 보충하는 어휘 또는 어구야~

목적어가 없이 주어, 동사 그리고 주격보어로 이루어진 문장을 2형식 문장이라 부르고 이 문장의 동사를 2형식 동사라고 해. 이 2형식 동사를 불완전자동사라고도 해.

불완전동사란, 문장에서 동사의 대상인 주어나 목적어를 보충해서 문장이 전달하려는 의미를 완성시키는 보어 없이 동사만으로는 문장의 의미가 완성되지 않는다란 의미야.

Jesus is the light (of men).
주어　동사　　　주격보어

해석 | 예수님은 /이다 /빛 /(사람들의)

　　　 | 예수님은 사람들의 빛이다.

위 예문에서는 목적어가 없어서 동사(자동사)의 대상이 주어인데, 동사 is의 대상인 주어 즉, Jesus의 보충인 the light가 있어야 문장이 전달하려는 의미가 완성돼.

즉 위 예에서 전달하려는 의미는 예수님은 사람들의 빛이다이지 예수님은 이다에서 끝나는 게 아니야! 따라서 주어의 보충어인 주격보어 없이, 동사만으로는 전하고자 하는 의미가 완전히 전달되지 않기에 보어로 동사의 대상인 주어를 보충해야만 전달하고자 하는 문장의 의미가 완전해진다는 점에서 이 동사를 불완전동사라 하고 보어를 주격보어라고 하는 거지.

3. 3형식 문장 (완전/타동사)
　　　　　　　　　↘他(남 타)

He increased his efforts.
　주어　　　　동사　　　　목적어

해석 | 그는 /증가시켰다 /그의 노력을

　　　 | 그는 그의 노력을 증가시켰다.

어휘 | ☆increase 증가시키다, 증가하다

　보어 없이 주어, 동사 그리고 목적어로 이루어진 문장을 3형식 문장이라고 해! 따라서 이 문장의 동사를 3형식 동사라 하고 완전타동사라고 불러.

　타동사란 목적어가 있는 문장에서의 동사를 말해. 즉, 타동사란 주어가 동사의 대상이 아니라, 남인 목적어를 동사의 대상으로 한다는 뜻이야. 주어는 목적어가 있느냐 없느냐에 따라 동사의 대상이 되기도 하고 되지 않기도 하지만, 목적어가 있는 문장에서는 항상 목적어가 동사의 대상이기에 '대상어'라고 할 수도 있어.

　위 예에서 동사 increase의 증가의 대상은 목적어 his efforts이지 주어 He가 증가된 것이 아니야.

　보어란 동사의 대상을 보충하는 어語이고, 위 예에서는 동사(타동사)의 대상이 목적어라서 목적격보어가 있느냐, 없느냐에 따라 완전동사인지, 불완전동사인지 결정이 돼.

위 예에서는 동사의 대상인 목적어에 대한 보어가 없으므로 목적격보어 없이 문장이 전달하고자 하는 의미가 완성된다는 점에서 완전동사가 되는 것이지.

비교) The family increased.

해석 | 식구가 /늘었다

| 식구가 늘어났다.

비교에서 목적어가 없어서 동사의 대상이 주어이고 주어가 늘어난 게 보이지!

4. 4형식 문장 (수여동사)

A niece bought me the necklace as a wedding gift.
주어　　　　동사　간접목적어　직접목적어　　　　　　수식어

해석 | 여자 조카는 /사주었다 /나에게 /목걸이를 /웨딩 선물로서

| 여자 조카는 나에게 웨딩 선물로 목걸이를 사 주었다.

어휘 | ☆niece 여자 조카 ☆buy-bought-bought 사다 ☆necklace 목걸이

4형식 문장에서는 보어는 없고 목적어가 두 개야. 목적어가 한 개인 문장에서도 목적어가 ~에게라고 해석되는 경우도 있지만, 목적어가 두 개인 경우에는 목적어를 간접목적어와 직접목적어로 구분하고 간접목적어를 ~에게라 해석하고 직접목적어를 을/를로 해석해.

수여동사란 주어가 간접목적어에게 직접목적어를 준다는 뜻이야! 즉 직접목적어를 줄 대상인 간접목적어가 필요한 동사란 뜻이지. 이때에는 동사(bought)를 샀다라고 해석을 하는 것보다는 사주었다라고 해석해야 자연스러워. 간접목적어가 있기 때문이지.

비교) The niece bought a necklace. (3형식 문장)
주어　　　　동사　　　목적어

해석 | 여자 조카는 /샀다 /목걸이를

| 여자 조카는 목걸이를 샀다.

비교에서는 간접목적어를 찾아볼 수가 없으므로 사주었다가 아니라 샀다라고 해석이 되는 게 보이지. 즉 문장의 형식에 따라 동사의 성질이 바뀌고 해석 표현이 달라지게 되는 것이지.

Sometimes hardships can teach us valuable life lessons.
수식어 · 주어 · 동사 · 간접목적어 · 직접목적어

해석 | 가끔 /고난은 /가르쳐 줄 수 있다 /우리에게 / 가치 있는 인생 수업을

| 가끔, 고난은 우리에게 가치 있는 인생 수업을 가르칠 수 있다.

어휘 | hardship 고난   valuable 가치 있는

비교) My niece teaches typing at a school. (3형식 문장)
주어 · 동사 · 목적어 · 수식어

해석 | 나의 여자 조카는 /가르친다 /타이핑을 /학교에서

| 나의 여자 조카는 학교에서 타이핑을 가르친다.

| 독해 연습 |

The Word was God /[as {nothing could be /from nothing}, /but {only /will
주어 · 동사 · 보어 · 종속접속사 · [종속절] · 주어+동사 · 수식어 · as절내 등위접속사 · 수식어 · 주어

/could be /from nothing /as you can dream /something /by will}].
동사 · 수식어 · but절의 종속절 · 주어+동사 · 목적어 · 수식어

해석 | 말씀은 /존재했었다 /신으로 /아무것도 존재할 수 없듯이 /아무것도 없는 상태에서 /그러나 오직 /의지만이 /존재

할 수 있듯이 /아무것도 없는 상태에서 /네가 꿈꿀 수 있는 것처럼 /무언가를 /의지에 의해서

| 아무것도 없는 상태에서는 아무것도 존재할 수 없지만, 오직 의지만이 아무것도 없는 상태에서 존재할 수 있듯이,

네가 의지에 의해서 무언가를 꿈꿀 수 있는 것처럼, 말씀은 신이었다.

어휘 | will 의지, ~할 수 있다

5. 5형식 문장 (불완전/타동사)

Sunlight would shine them warm.
주어   동사   목적어   목적격보어

해석 | 햇빛이 /비치다 /그들을 /따뜻하게

| 햇빛이 그들을 따뜻하게 비춘다.

어휘 | ☆sunlight 햇살 ☆shine 비치다 ☆warm 따뜻한

위 예에서 따뜻한 것은 주어 Sunlight가 아니라 목적어 them이야. 따라서 worm은 목적어 them이 따뜻하다고 표현하여 목적어를 보충하는 보어 즉 목적격보어야.

위 예에서 알 수 있듯이, 따뜻한이라는 뜻의 warm을 따뜻하게라고 해석할 때 자연스러워지고 있어. 이렇게 보어에서 ~으로로 해석될 수 있거나 본래의 의미인 따뜻한 등이 따뜻하게 등으로 자연스럽게 해석되는 경우가 보어를 알게 해주는 단서이기도 해. 형용사 파트에서 자세히 보자 ^^

5형식 문장이란 동사의 대상인 목적어와 목적어를 보충하는 목적격보어로 문장의 의미를 전달하는 문장이야. 따라서 5형식 동사는 주인인 주어가 아니라 남인 목적어를 동사의 대상으로 하므로 타동사이며, 동사의 대상인 목적어를 보충하는 보어가 있으므로 즉, 목적격보어 없이는 목적어 them이 따뜻하다라는 의미가 전달되지 않기에 문장의 내용을 완성시키기 위해선 동사로는 부족하다는 불완전동사야!

↓과거분사

Mary saw her son, Jesus, crucified.
주어　　동사　　　　목적어　　　　목적격보어

해석 ｜ 마리아는 /보았다 /그녀의 아들, 예수님을 /십자가에 박히는

　　　｜ 마리아는 그녀의 아들, 예수님이 십자가에 박히는 것을 보았다.

어휘 ｜ see-saw-seen 보다

구문 ｜ 쌍콤마(,)사이에 들어온 어휘 또는 어구는 앞에 온 명사와 동격을 이룰 수 있어. 과거분사는 ~되어진이라는

　　　 의미로 형용사로 쓰일 수 있어.

description of the sample

　주어 Mary가 아닌 목적어 her son이 십자가에 박히는 것이니 crucified는 목적어가 십자가
에 박힌다고 목적어를 보충하고 있어.

^{관계대명사}   ^{관계대명사절}

We can call God [who could be /outside (of the universe)] the will.
주어   동사   목적어 [주어+동사   수식어   ]   목적격보어

해석 | 우리는 /부를 수 있다 /신을 [존재할 수 있는 /외부에서(우주의)] /'의지'라고

| 우리는 우주 외부에서 존재할 수 있는 신을 의지라고 부를 수 있다.

어휘 | ☆outside (무언가의)바깥에 ☆will 의지

구문 | ☆who could be outside of the universe는 관계대명사 who가 이끄는 관계절(일반 수식어)로서 선행사 God을 수식해.

관계절에서 자세히 볼게.

위 예에서 보어 the will은 주어 We가 아니라 목적어 God~이야. 따라서 the will은 목적어

God~이 의지라고 표현하여 목적어를 보충하는 보어, 즉 목적격보어야.

unit 1 문장의 요소와의 관계

notion

앞에서 문장은 문장의 형식(1형식~5형식)을 결정하는 문장의 구성요소(주어, 동사, 목적어, 보어)로 이루어진 것을 보았어.

문장의 구성요소들은 주어 다음에 동사가 오듯이 각 문장의 형식에 따라 그 위치가 정해져 있지.

문장의 형식에 따라 구성요소들의 위치 순서를 어순이라고 해. 3형식 문장의 어순은 주어+동사+목적어가 되는 셈이야.

문장의 어순에 따라 위치하는 문장의 구성요소들로 쓰이는 애들이 품사야. 품사에는 명사, 동사, 형용사, 부사, 전치사, 접속사, 대명사, 감탄사가 있어. 그리고 그 외에 문장의 구성요소들과 관계하는 애로는 관사가 있어.

어순은 문장의 구성요소의 위치, 즉 자리를 말하고, 이 문장의 구성요소 자리에 품사나 품사들(단어들)이 하나의 품사(어휘, 어구)로서 쓰이게 되는 것이지.

앞으로 주어는 S, 동사는 V, 목적어는 O, 보어는 C, 간접목적어는 IO, 직접목적어는 DO, 주격보어는 SC, 목적격보어는 OC, 수식어는 M(modifier), 접속사는 conj(conjunction)이라고 소개할게.

자! 이제 문장의 요소와 명사의 관계부터 배워볼까 ^^

notion

명사란 우주 안에 있는 모든 것(책상, 물, 토성, 분자…)과 마음 안에 있는 모든 것(사랑, 기쁨, 생각, 달콤…)이 있어. 즉 존재하기에 우리가 이름을 붙인 모든 것을 명사라고 하지.

1. 주어의 자리를 차지하는 명사

sample of sentence

Agriculture is the state's first industry.

해석 | 농업은 /있다 /그 주의 첫 번째 산업으로

| 농업은 그 주의 첫 번째 산업이다.

어휘 | ☆agriculture 농업 ☆state 주 ☆first 첫 번째 ☆industry 산업

description of the sample

우리는 산업 중 땅을 일구어 식량을 재배하는 것을 농업이라 이름 지었어. 따라서 농업은 명사인 것이지. 위 예에서 'Agriculture(농업)'가 주어 자리에 위치해 있어.

즉, 명사는 주어 자리에 위치해서 은/는/이/가로 해석이 될 수 있어.

반대로 주어 자리에 위치하여 은/는/이/가로 해석될 수 있는 모든 어휘를 우리는 명사라고 불러. 왜냐하면 주어 자리에는 오직 명사만이 위치할 수 있기 때문이야.

예를 들어 책상은에서 책상(desk)은 명사가 되지만 배우다는에서 배우다(learn)는 명사가 될 수가 없는 것이지. 우리는 배우다는이 아니라 배우는 것(to learn)은이라고 표현하기 때문이야.

2. 목적어의 자리를 차지하는 명사

God created **man** in his own image.

해석 | 하나님은 /창조했다 /남자를 /그 자신의 형상 안에서

 | 하나님은 그 자신의 형상으로 남자를 창조했다.

어휘 | own 자신의, 고유의 image 형상

남자라 부르는 사람은 명사야. 아기가 태어날 때 이름을 지어주고 그 이름을 부르듯이, 존재하기에 우리가 부르는 것은 모두 명사야.

명사는 목적어 자리에 들어와서 을/를 또는 ~에게로 해석이 돼.

God bore **us** /as a mother bears /her son. /God, **therefore**, loves /us.

해석 | 하나님은 /낳으셨다 /우리를 /어머니가 낳듯이 /그녀의 아들을 /그래서 하나님은 사랑하신다 /우리를

 | 어머니가 그녀의 아들을 낳듯이 하나님이 우리를 낳으셨다. 그래서 하나님은 우리를 사랑하신다.

어휘 | bear-bore-borne 낳다 therefore 그래서

구문 | 대명사는 명사처럼 목적어 등으로 쓰일 수 있어. 뒤에서 자세히 볼게. 접속부사는 주어와 동사 사이에서 쌍콤마를 끼고 들어와서 앞 문장의 내용을 전달할 수 있어. 여기서는 하나님은 우리를 낳아서라는 의미로 **therefore**가 들어온 것이지.

3. 보어의 자리를 차지하는 명사

I made my sons doctors.
S   V   O   OC

해석 | 나는 /만들었다 /내 아들들을 /의사들로

| 나는 내 아들들을 의사로 만들었다.

우리는 우리의 병을 치료해 주는 직업을 의사라고 불러. 따라서 위 예문에서 doctors는 명사야. doctors라는 명사가 목적어 뒤 목적격보어 자리에 위치해서 목적어 my sons가 doctors라고 보충 표현하고 있어. 즉 주어인 I가 아니라 목적어 my sons가 doctors라고 하므로 doctors는 목적격 보어라 보게 된 거지.

보어 자리에 명사가 들어올 경우에는 ~으로라고 해석이 가능해.

보어 자리에 명사가 들어오면 주격보어는 주어와, 목적격보어는 목적어와 동격 즉, equal 관계가 성립돼. 위 예에서 my sons=doctors인 거 보이지? 물론 보어 자리에 명사가 들어올 경우에 한해서야.

보어 자리에는 형용사도 들어올 수가 있는데, 그건 형용사 부분에서 만나보자. ^^
이는 후에 동사 뒤 Ving형태가 동명사이냐, 현재분사이냐 등을 알 수 있는 단서이기도 해.
그 파트에서 자세히 볼게.

주격보어의 예를 들어 볼게. (The word /was /God. 그 말씀은S /존재했었다V /신으로SC)

주격보어 자리에 God이라는 명사가 들어간 거 보이지? 여기서 The word=God이고 따라서 주어=주격보어의 관계가 성립된다는 걸 알 수 있지.

셀 수 있는 명사와 셀 수 없는 명사

어느 날 에디슨이 1+1=2라는 샘의 가르침에 흙 한 덩이에 흙 한 덩이를 더하면 흙 한 덩이 즉, 1+1=1이라는 반론을 제기했어.

질문에 대한 영어 선생님의 해답 ↓

에디슨의 반론은 양과 수를 구별하고 있지 않아. 양은 셀 수 없고 수는 셀 수 있어. 따라서 수학 시간에 수(예: 연필 하나+연필 하나=연필 둘)를 가르치는 선생님께 양에 대한 예(흙 한 덩이에 흙 한 덩이를 더하면 더 양이 많은 흙 한 덩이)로써 반론을 제기하는 것은 수와 양을 구별하지 않는 수와 양의 혼동이야.

따라서 1+1=2가 될 수 있는 것은 수이고 many와 함께 쓰며, 1+1=1이 되는 것은 크기 즉 양으로서 much와 함께 쓰면 돼.

notion

관사란 명사의 맨 앞에서 명사를 한정시키는 것으로서 형용사의 명사 수식과 그 쓰임이 같아. 따라서 관사는 명사와 함께 쓰여서 주어, 목적어, 보어에 표현돼. 즉 명사 앞에서 명사의 의미를 구체적으로 만들면서 관사와 함께하는 명사가 관사와 더불어 주어, 목적어, 보어로 쓰이게 돼.

sample of sentence

The lions (watching a hyena) show a much bigger increase (in anger).

해석 | 그 사자들은 (하이에나를 보고 있는) /보여 준다 /훨씬 더 큰 증가를 (화남 안에서의)

| 하이에나를 보고 있는 그 사자들은 화남 안에서의 훨씬 더 큰 증가를 보여준다.

어휘 | ☆show 보여주다 ☆hyena 하이에나

구문 | ☆big에 er를 붙여서 bigger의 모습으로 형용사로 쓰였어. ☆관사 a와 명사 increase사이에서 부사 much가 형용사 bigger를 꾸며주고 much bigger가 함께 명사 increase를 꾸며주고 있어.

description of the sample

위의 예에서 관사 a(하나의)가 명사 increase와 함께 목적어로 쓰였어. show와 increase 중 어느 것이 동사인지 헷갈릴 수 있겠지만, 관사 a에 대응하는 명사를 찾으면 increase가 명사임을 쉽게 알아낼 수 있어, 그렇게 show는 동사가 돼.

문장이 복잡하고 길어질 경우 관사와 명사가 함께 문장에서 목적어와 같은 하나의 문장의 구성 요소로 쓰인다는 것을 습관화하면 관사에 대응하는 명사가 멀리 있거나 동사처럼 보여도 문장 구조를 파악하는 데 어려움이 없을 거야!

1. 관사의 종류

1) 정관사 the

notion

the는 그라고 해석하고 정관사 the에 대응하는 명사가 이미 언급된 것을 나타내는 등 정해져 있는 의미를 표시하고 싶을 때 명사 앞에 사용해.

sample of sentence

The sun is the star /at the center /of our solar system.

해석 | 태양은 /이다 /그 별 /중심에 있는 /우리 태양계의

| 태양은 우리 태양계의 중심에 있는 별이다.

어휘 | center 중심　solar 태양의　system 시스템, 체계

구문 | our는 소유격 대명사로서 관사 대신 쓰일 수 있어.

description of the sample

sun 앞에 정관사 the를 붙여 표시함으로써 태양은 바로 우리의 지구가 돌고 있는, 즉 우리가 이미 알고 있는 그 태양을 의미하게 돼.

be동사는 있다, 존재하다의 의미이고, be동사 뒤 명사가 오게 되면 이 명사는 주격보어야. 이때 be동사는 편의상 ~이다로 해석할 수 있고 주어와 주격보어의 동격 관계를 표현하게 돼. 또한 이때 be동사가 ~이다로 자연스럽게 해석될 때 주격보어 자리에 위치한 명사는 ~으로라고 해석되지 않지만 be동사 뒤에 있는 명사로서 주격보어라는 것을 알 수 있어.

star 앞에 관사 the가 있어서 star가 명사라고 알려주고 있어.

2) 부정관사 a, an

a 또는 an은 하나의라고 해석하고 부정관사에 대응하는 명사가 여럿 중 막연한 하나임을 나타

내고자 할 때 쓰여.

God gave Adam a sun.
S   V   IO   DO

해석 | 신은 /주었다 /아담에게 /한 태양을

| 신은 아담에게 한 태양을 주었다.

a sun은 태양계마다 있는 태양 중 하나의 태양을 의미해.

God was alone in the beginning [as he could be **the only one** /from nothing

/because only he could be /outside /of the universe /among the beings /in the

universe].

해석 | 신은 /존재했었다 /홀로 /처음에 /오직 그만이 존재할 수 있는 유일한 이이듯이 /아무것도 없는 상태에서 /그만이

존재할 수 있기 때문에 /외부에서 /우주의 /존재들 사이에서 /우주 안에 있는

그만이 존재하는 것들 중 우주의 외부에서 존재할 수 있기 때문에, 오직 그만이 아무것도 없는 상태에서 존재할

수 있는 것처럼, 처음에 신은 홀로 존재했었다.

어휘 | ☆beginning 처음 ☆outside (무언가의) 바깥에 ☆among (셋 이상) ~사이에 ☆being 존재(하는)

3) 무관사

notion

관사 없이 명사가 주어 등으로 쓰일 때의 명사는 명사 자체를 의미할 수 있어.

sample of sentence

He came from another sun, and we called him angel (of sun).
S · V · M · CONJ · S · V · O · OC

해석 | 그는 /왔다 /다른 하나의 태양에서 /그리고 /우리는 /불렀다 /그를 /천사로 (태양의)

| 그는 다른 하나의 태양에서 왔어. 그래서 우리는 그를 태양의 천사라고 불렀어.

어휘 | ☆another 다른 하나(an 하나+other 다른)

잠깐! suns는 무관사가 아니라, 하나의 태양을 a sun이라 표현하듯 막연한 여러 개의 태양을 표현하는 것으로써 sun의 복수형이 아니라 a sun의 복수형이야. a sun과 suns는 막연한 하나 또는 여러 태양을 표현하는 것으로써 the sun과 the suns에 대비되는 개념이라고 생각하면 돼.
잠깐! 여기서 명사어구에 대해 잠시 살펴보고 갈게.

앞에서 단어 즉 품사가 문장의 구성요소로 쓰인다고 하였고, 문장의 구성요소인 주어, 수식어 등에서 '어'란 표현은 단어뿐만 아니라 단어들도 의미한다고 하였어. 즉 품사 또는 품사들이 문장의 구성요소로 쓰이는 것이지.

또한 앞에서 어구란 이미 문장에서 쓰인 여러 단어(품사)가 하나의 품사 역할을 할 때의 그 단어들을 뜻한다고 하였어.

따라서 문장의 구성요소 자리에는 하나의 품사 역할로 쓰인 어구를 볼 수 있는데, 이때의 어구는 구와 절로 나눌 수가 있어.

4) 구와 절

'구'란 하나의 품사역할을 하는 단어들 안에 주어와 동사가 없는 것을 뜻하고, '절'이란 하나의 품사 역할을 하는 단어들 안에 주어와 동사가 있는 것을 의미해.

명사는 주어, 목적어, 보어로 쓰일 수 있듯이 명사 역할로 쓰인 어구(여러 품사)를 주어, 목적어, 보어 자리에서 찾을 수가 있어. 예를 들자면 God /created /a man에서 관사 a와 명사 man이 하나의 명사 역할을 하면서 목적어로 쓰였다고 보아서 명사어구라 불러. 그런데 a man안에는 주어와 동사가 포함되어 있지 않기 때문에 명사구라고 불러.

The Bible says /[that Jesus /was conceived /in Mary /through the Holy Spirit].

O [예수님은 /잉태되었다 /마리 안에서 /성령을 통하여]

성경은 /말한다 /[예수님은 성령에 의해서 마리아에게 잉태되었다는 것]을

예문에서 목적어 안에 주어, 동사가 있어서 목적어로 쓰인 어구를 명사절이라 불러.

notion

명사는 무언가가 존재한다는 것을 알 때 그것에 이름을 붙여서 우리가 부르는 것을 말한다면, 대명사는 우리가 이름을 부르는 대신 부르는 품사를 말해. 예를 들어 영희 대신 그녀 she(인칭대명사)라고 하든가, 책상 대신 이것 this(지시대명사)라고 부를 때 she와 this를 대명사라고 해.

sample of sentence

수식어(문장 전체 수식)   ↓대명사

Amazingly, [the monster can grow a new arm /if he lose /one!]
M   S   V   O   CONJ S   V   O

해석 | 놀랍게도, [그 괴물은 /자라나게 할 수 있다 /새 팔을 /만약 그가 잃으면 /(팔) 하나를!]

| 놀랍게도, 그 괴물은 새 팔을 자라나게 할 수 있어, 만약에 그가 팔 하나를 잃는다면.

어휘 | ☆amazingly 놀랍게도   ☆monster 괴물   ☆grow 자라게 하다, 자라다   ☆접속사 if 만약 ~라면   ☆lose 잃다

description of the sample

lose 동사 뒤 목적어 자리에 대명사로 쓰인 one이 위치해 있어. 여기서 one은 여러 개의 arm 중 하나의 arm을 대신해서 쓰였어. 즉, an arm 대신 쓰인 대명사인 거지.

one은 대명사뿐만 아니라 하나의라는 뜻의 형용사 또는 동사(one-oned-oned) 로도 쓰여. 즉 단어는 주어, 동사 같은 문장의 요소의 어순을 기본으로 한 순서(위치)에 따라 그 쓰임새(품사)가 달라져. 그래서 문장의 요소와 기본문장 5형식에 따른 문장의 요소의 어순 및 문장의 요소와 품사 등과의 관계에 대한 이해 없이는 문법을 완성할 수도 없고, 생활영어 이상의 영어를 구사할 수 있게 하는 기본 능력도 없게 돼버려.

1. 지시대명사

<u>This 이것(these 이것들) / that 저것(those 저것들)</u>

세미콜론 ↓지시대명사(가까운 것→wealth)   ↓지시대명사(먼 것→Love)
Love is above wealth: This cannot give us happiness as that.
　S　　V　　　M　　　　　S　　　　V　　　IO　　DO　　　M

해석 | 사랑은 /있다 /부위에; 이것(후자)은 /줄 수 없다 /우리에게 /행복을 /저것(전자)처럼은

　　　 | 사랑은 부위에 있다; 후자(이것)는 행복을 줄 수 없다, 전자(저것)처럼은.

어휘 | 전치사 above ~위에　happiness 행복

구문 | ; (세미콜론): 마침표에 의해서 문장이 끝났지만 쉼표에 의해서 문장의 내용이 이어질 때 써. as 뒤에 주어+동사

　　　 | ~가 아니라 명사 하나만 온 것으로 보아 여기서 as는 전치사로 쓰였다는 것을 알 수 있어. 굳이 따지자면 as that

　　　 | 은 전치사구로서 동사 cannot give를 수식하는, 타동사의 목적어 뒤인 수식어 자리에 위치하였다고 볼 수 있어.

　　　 | 뒤에서 자세히 볼게 (65쪽).

↓지시대명사　　　　　　　지시형용사(명사 수식)
비교) This will be very convenient for those people.
　　　　S　　V　　　　SC　　　　　　　M

해석 | 이것은 /있을 것이다 /매우 편리한 /그러한 사람들에게는

　　　 | 이것은 그러한 사람들에게는 매우 편리하다.

어휘 | convenient 편리한

구문 | 부사 very가 형용사 convenient를 수식하면서 convenient와 함께 주격보어로 쓰였어. those가 형용사로서

　　　 | 명사 people을 꾸며주고 있어. people이 복수라서 that의 복수형인 those가 쓰였어.

2. 부정대명사

대명사가 지칭하는 대상이 정해져 있지 않을 때 쓰는 표현을 부정대명사라고 해.

부정대명사(어떤 ~이라도)↓

She asked /[if we had /any /of them].
S   V   O [목적어로 쓰인 접속사+주어+동사+목적어]

해석 | 그녀는 /물었다 /우리가 가지고 있었는지를 /어떤 것이라도 /그것들 중

     | 그녀는 우리가 그것들 중 어떤 것이라도 가지고 있었는지 물었다.

어휘 | ☆명사절 접속사 if ~인지 아닌지   ☆have-had-had 가지고 있다

구문 | ☆if 주어+동사~ 는 명사절(~인지 아닌지)로서 쓰일 수 있어.

✓전체 중 정해져 있지 않은 하나를 뜻하는 부정대명사

any는 one, some 또는 all을 의미해.

↘전체 중 정해져 있지 않은 여럿을 뜻하는 부정대명사

one, some, all도 부정대명사로 쓰여서 정해지지 않은 어떤 하나, 어떤 여럿, 또는 전부를 의미할 수 있어.

↓부정형용사(어떤 ~라도)

비교) She asked /[if we had /any questions].
S   V   O [목적어로 쓰인 접속사+주어+동사+목적어]

해석 | 그녀는 /물었다 /우리가 가지고 있었는지를 /어떤 질문이라도

     | 그녀는 우리가 어떤 질문이라도 가지고 있었는지 물었다.

대명사는 명사를 대신하는 품사라서 명사처럼 주어, 보어, 목적어 자리에서 쓰일 수 있는 단어를 말해. 이러한 품사, 즉 대명사로 쓰일 수 있는 단어는 아래와 같아.

부정대명사: one(하나), another(다른 하나), the other(나머지 하나), others(다른 몇몇), the others(나머지들), some(몇몇), any(어떤 ~이라도), all(전부)

지시대명사: this, these, that, those

대명사에는 it(그것)과 인칭대명사(I, you, our, hers....) 그리고 인칭대명사의 목적격에 self, selves을 붙여서 자신 스스로라는 의미를 더하는 재귀대명사(myself, yourselves....)가 있어.

sample of sentence

↓종속접속사　　　　↓부정대명사　　　　　　　　　　부정대명사↓ ↓등위접속사 [S /(V + O) but (V + O)]

If God loses /one, [he does not create another but cares for the lost one].
CONJ　S　　V　　O　　S　　　　V　　　　O　CONJ　　V　　　　O

해석 | 만약에 하나님이 잃으면 /하나를 /그는 /창조하지 않아 /다른 하나를 /그러나 /걱정해 /그 잃어버린 하나를

| 만약에 하나님이 하나를 잃으면, 하나님은 다른 하나를 창조하지 않지만 그 잃어버린 하나를 돌봐.

어휘 | care for 돌보다

구문 | 등위접속사 but이 주어 he가 창조하지 않으나 돌보다라는 의미로 동사~와 동사~를 주어에 병렬구조로 연결시키고 있어.

여기서 one은 여럿의 자녀 중 하나의 자녀(a child)를 대신해서 쓰였어. 즉, a child 대신 쓰인 부정관사의 의미가 포함된 대명사인 거지.

notion

수식어는 꾸며주는 어휘 또는 어구라고 생각하면 쉬울 것 같아. 어구라는 표현에서 알 수 있듯이 문장에서 쓰이기 전에는 어떤 단어나 단어들도 수식어라고 표현할 수 없어. 즉, 수식어는 단어나 단어들이 문장에서 쓰일 때 그 쓰인 단어나 단어들이 꾸며주는 역할로 쓰였다고 해서 수식어라 표현하는 것이야.

sample of sentence

The (most important) one is to love /God /because [he loves /you /as he is love].

해석 | 그 가장 중요한 하나는 /이다 /사랑하는 것 /하나님을 /왜냐하면 그가 사랑하기 때문에 /너를 /그가 사랑인 것처럼

| 가장 중요한 것은 하나님을 사랑하는 것이다, 왜냐하면 그가 사랑이듯이 너를 사랑하기 때문에.

description of the sample

most important가 관사 The와 명사 one 사이에 들어와서 명사 one을 꾸며주는 수식어 역할을 하고 있어. 여기서 one은 명사로서 다른 품사와 함께 명사구를 만들지만, 동사의 단·복수(is인지 are인지)를 결정하는, 즉 단독으로 주어 등 문장의 구성요소로 쓰일 수 있는 품사인 명사라 한다면 The most important one은 주어(명사구)라고 보면 돼.

be동사 뒤에는 보어가 온다 했지. 그래서 to love는 is의 보어야. 그런데 God이 to love의 목적어라서 to love God는 함께 문장의 주격보어인 거지. 가장 중요한 하나가 바로 하나님을 사랑하는 것이니까. 의미상으로도 to love God은 주어를 보충하고 있는 게 느껴지지~

이렇게 의미상 그리고 논리구조상 영어에 접근하면 독해만 하거나 문법만 깊이 파는 것보다 더 쉽게 영어를 정복할 거라 생각해. 힘내!

수식어로 쓰일 수 있는 어휘에는 형용사와 부사가 있고, 구에는 전치사+명사가 있어. 전치사+명사는 전치사구 또는 전명구라고 불러.

주어 자리에 쓰인 단어들이 명사어구로 드러나는 것처럼, 수식어로 쓰인 단어(품사)들이 문장에서 쓰이면서 형용사어구인지 아니면 부사어구인지 그 표현이 드러나.

이에 따라서 전치사구도 문장에서의 쓰임에 따라 형용사구로 쓰이기도 하고 부사구로 쓰이기도 해.

형용사어구와 부사어구 그리고 전치사구는 뒤에서 자세히 서술할게.

독해 연습

No one knows /the way (God exists outside of the universe and [he created the universe by his will] /[as we can create /space /while we dream]).

해석 | 아무도 알지 못한다 /그 방식을 /신이 우주의 외부에서 존재하는 그리고 그가 그의 의지로 우주를 창조한 /우리가 창조할 수 있듯이 /공간을 /우리가 꿈꾸는 동안에

| 우리가 꿈꾸는 동안에 우리가 공간을 창조할 수 있듯이, 그가 우주를 그의 의지로 창조하였던 방식과 우주의 외부에서 신이 존재하는 방식을 아무도 알지 못해.

어휘 | way 방식, 방법　exist 존재하다　space 공간　접속사 while ~하는 동안에, ~하는 반면에

구문 | God exists outside of the universe ~는 관계부사 how가 생략된 관계절로서 선행사 the way를 수식해.

관계절에서 자세히 볼게.

notion

　　형용사는 우리말 뜻으로 주로 받침 'ㄴ'인 품사를 말해. 예를 들어서 happy(행복한), kind(친절한)
등이 있어. 형용사는 명사를 꾸며주어서 명사와 함께 주어, 목적어, 보어로 쓰이거나 명사 없이
단독으로 보어로 쓰일 수 있어. 즉 명사 수식 아니면 보어야

1. 명사를 꾸며주는(수식하는) 형용사

sample of sentence

관사 ↓형용사(수식어) ↙명사
Slip accidents are a big problem for many large retail stores.
　　S　　　　V　　　　　SC　　　　　　　　　　M

해석 ｜ 미끄럼 사고들은 /이다 /한 큰 문제 /많은 대형소매점에 있어서

　　　｜ 미끄럼 사고는 많은 대형소매점에 있어서 큰 문제야.

어휘 ｜ ☆problem 문제 ☆retail 소매, 소매의 ☆store 가게

description of the sample

　　형용사 big이 주격보어로 쓰인 부정관사 a와 명사 problem 사이에서 그냥 문제가 아니라 '큰'
문제라고 명사 problem를 꾸며주면서 관사, 명사와 함께 즉, a big problem이 통째로 명사구
로서 주격보어로 쓰이고 있어.

　　여러 단어가 주어, 보어 또는 목적어로 쓰인 명사를 수식하면, 그 어구는 형용사어구로 볼 수
있어. 예문에서 many large가 복합명사 retail stores를 수식하고 있는데, 여기서 many large
는 형용사구로 볼 수 있어.

many는 부사인데, many large retail stores를 명사구로 볼 수 있듯이, 형용사 large를 수식하는 many는 large와 함께 형용사구로 볼 수 있는 것이지. 즉 형용사구가 명사를 꾸며주어 명사와 함께 명사구로 쓰이는 거야.

전치사에 대해서는 전치사 파트에서 보겠지만 여기서는 for many large retail stores가 수식어로 쓰였다는 정도만 알고 넘어가자고~~

앞에서 수식어는 문장의 구성요소로서의 수식어[문장의 선택구성요소]와 품사를 꾸며주어 그 품사와 함께 문장의 구성요소로 쓰인 일반수식어로 나뉜다고 했어.

위 예문에서 형용사 big은 명사 problem을 꾸며주기에 수식어인데, problem과 함께 문장의 구성요소로 쓰이기에 문장의 구성요소로서의 수식어가 될 수 없어. 이렇게 형용사는 수식어라고 표현될 때에는 항상 명사를 꾸며주기에 문장의 구성요소로서의 수식어로 쓰이는 일이 없어.

이와 달리 부사는 문장의 구성요소로서의 수식어[문장의 선택구성요소]와 품사(형용사, 다른 부사)를 꾸며주어 그 품사와 함께 문장의 구성요소로 쓰인 일반수식어로 나뉘어.

sample of sentence

[종속절]
[Because God felt /as he bore /us /when he created /us /in his own image],
종속접속사 · S+V · S+V · O · S+V · O · M

[주절]
[he could be /a father /of us /in relationship /with us].
S+V · SC · M

해석 | 왜냐하면 하나님이 느꼈기 때문에 /마치 그가 낳았듯이 /우리를 /그가 창조하였을 때 /우리를 /그 자신의 형상 안에서 /그는 될 수 있다 /아버지가 /우리의 /관계 안에서 /우리와 함께하는

하나님이 우리를 그 자신의 형상으로 창조하였을 때, 그는 마치 그가 우리를 낳았듯이 느끼셨기 때문에, 그가 우리와 함께하는 관계 안에서 우리의 아버지가 될 수 있어.

어휘 | own 자신의　image 형상　feel-felt-felt 느끼다　bear-bore-borne 낳다　relationship 관계

2. 보어로 쓰이는 형용사

↓형용사 (예쁜)

She looks pretty.
S   V   SC

해석 | 그녀는 /보인다 /예쁘게

| 그녀는 예쁘게 보인다.

형용사가 보어로 오면 뒤에 수식할 명사가 없기에 수식어가 아니야. 즉, 무언가를 수식하지 않으면 수식어로 보지 않아.

위 예문처럼 주격보어 자리에 형용사가 들어올 수 있어. 형용사가 보어로 쓰일 경우 부사처럼 이/히/리/게로 해석하면 자연스러워. 따라서 동사 뒤나 목적어 뒤에서 형용사가 이/히/리/게로 해석이 되면 주격보어나 목적격보어라고 생각할 여지가 있어.

동사 뒤에 보어 또는 목적어로서 명사가 올 수도 있지만, 형용사가 쓰였다는 것은 문장에 2형식 동사가 쓰였다는 것이고 따라서 동사의 대상이 주어이기에 동사를 목적어를 보다가 아닌 주어가 보이다라고 의미를 받아들이면 돼.

동사 뒤 명사가 을/를로 해석이 되면 3형식의 목적어란 뜻이야(I ate a pizza.). 하지만 동사 뒤 명사가 ~으로로 해석이 되면 2형식의 주격보어야(I remain the youngest winner.).

look 동사 뒤 형용사가 오면 look은 2형식 동사이고 형용사는 보어야. look 동사 뒤 전치사+명사 (예: look at the boy.) 등이 오면 동사 look은 전치사(at)와 합쳐서 구동사로서 3형식 동사(~을 보다)로 이해하는 경향이 많아.

주격보어가 명사일 때, 주어와 주격보어가 동격 관계(예: I am a boy. [I=a boy])인 경우와 달리, 동사 뒤 형용사가 와서 주격보어로 쓰이는 경우에는 주격보어가 주어를 설명하게 돼. 즉 동격이 아닌 설명 관계가 되는 것이지. 예문처럼 pretty는 she가 예쁘다고 설명하게 돼.

주격보어가 주어에 대한 설명인지 아니면 주어와 동격 관계인지를 이해하는 이유는 동사 뒤 동사원형ing가 주격보어로 쓰여 주어와 동격 관계인 동명사이냐 아니면 주어를 설명하는 현재분사이냐 등을 구분하기 위해서야. 자세한 것은 뒤에서 설명할게(172쪽).

sample of sentence

형용사 (행복한)↓

Solomon made his people happy with wisdom (God had given him).
S   V   O   OC   M

해석 | 솔로몬은 /만들었다 /그의 백성을 /행복하게 /지혜로 (신이 그에게 준)

| 솔로몬은 신이 그에게 준 지혜로 그의 백성을 행복하게 만들었다.

어휘 | wisdom 지혜

description of the sample

목적어 뒤에 형용사가 왔다면 그 형용사는 목적어를 수식하거나 목적격보어로 쓰인 경우야. 여기서 happy가 목적어를 꾸며주려면 his와 people 사이에 왔을 것이고(his happy people) people을 뒤에서 수식한다고 하여도 만들었다V 그의 행복한 백성을 O 어떻게OC의 어떻게가 없어서 happy는 목적격보어로 볼 수밖에 없게 돼.

make는 5형식 동사로 잘 쓰여.^^

동사 뒤에 명사가 두 개 올 경우, 두 번째 명사가 을/를로 해석이 되면 그 명사는 4형식의 직접목적어란 것이야. (I gave her a pencil.) 하지만 ~으로라고 해석이 되면 5형식의 목적격보어야. (She made her son a teacher.)

3. 수량형용사

수량형용사란 형용사가 수를 나타내느냐(셀 수 있는 명사 앞), 아니면 양 또는 크기를 나타내느냐(셀 수 없는 명사 앞)에 따라서 쓰이는 형용사를 달리하는 것을 말해.

	수를 나타낼 때	양을 나타낼 때	수, 양 상관없이
많은	many	much	a lot of, lots of
약간 있는	a few	a little	some
거의 없는	few	little	

셀 수 있는 명사

There are a few dogs.
M   V   S

해석 | 거기에는 /있다 /적은 수의 개들이

| 적은 수의 개들이 거기에 있어.

셀 수 있는 명사

There is a little dog.
M   V   S

해석 | 거기에는 /있다 /한 작은 개가

| 거기에는 한 작은 개가 있어.

셀 수 있는 명사 앞에 양을 나타내는 형용사를 쓰는 경우, 꾸밈을 받는 명사의 크기를 나타내.

즉 비록 dog는 셀 수 있는 명사지만, 크기를 표현하고 싶을 때는 little을 쓸 수 있어.

sample of sentence

I have a little money.
S   V   O

해석 | 나는 /가지고 있다 /약간의 돈을

   | 나는 약간의 돈을 가지고 있어.

description of the sample

동전이나 지폐는 셀 수 있는 명사이지만, 돈은 물건과 교환할 수 있는 가치이기 때문에 셀 수

없는 명사야.

복습) 기본문장 5형식에 따른 문장구조 정리

각 형식에서 예문 위는 품사의 위치이고 예문 아래(어순)는 품사가 들어가는 문장의 구성요소로서의 위치야.

· 1형식

명사 /동사 (↓품사로서의 동사) ⇐ 문장의 요소 자리에 쓰이는 품사(어휘 또는 어구)

She /came back. 그녀는 /돌아왔어

어순　　주어 +동사 (↓문장의 요소로서의 동사) ⇐ 문장의 (구성)요소의 위치

동사 뒤에 명사(목적어) 또는 형용사, 명사(주격보어) 둘 다 오지 않는 경우야~

주어가 /~되어지다라고 해석될 여지가 있어. 주어가 동사의 대상이라서.

· 2형식

명사 /동사 /명사 (↓~으로 해석될 여지가 있음)

I /am /a scientist. 나는 /이다 /과학자

명사 /동사 /형용사 (↓부사처럼 이/히/리/게로 해석될 여지 있음)

My hero /is /nice. 나의 영웅은 /이다 /멋진

어순　　주어+동사+주격보어

주어는 /~되어진다로 해석될 여지가 있어. 주어가 동사의 대상이라서.

· 3형식

명사 /동사 /명사

My friend /has /a bike. 나의 친구는 /가지고 있어 /자전거를

 주어+동사+목적어

주어는 ~한다 /목적어를로 해석될 여지가 있어.

주어는 ~한다 /목적어에게로 해석될 여지가 있어.

· 4형식

명사 /동사 /명사 /명사

His courage /gives /us /confidence. 그의 용기는 /준다 /우리에게 /신뢰를

어순　주어+동사+간접목적어+직접목적어

주어는 /~주다 /간접목적어에게 /직접목적어를이라고 해석될 여지가 있어.

· 5형식

↓~으로 해석될 여지 있음
명사 /동사 /명사 /명사

The teacher /made /his student /a lawyer. 샘은 /만들었어 /그의 학생을 /변호사로

부사처럼 이/히/리/게로 해석될 여기가 있음↓
명사 /동사 /명사 /형용사

Her smile /makes /us /happy. 그녀의 미소는 /만들어 /우리를 /행복하게

어순　주어+동사+목적어+목적격보어

주어는 동사 한다 /목적어를 or　　/목적격보어(명사)로　or 라고 해석될 여지가 많아~

　　　　　　　　　/목적어에게　　/목적격보어(형용사)하게

notion

부사는 우리나라 말로 이/히/리/게로 뜻이 해석되는 품사를 말해. 하지만 이외에도 다양해. 영어 단어에서 ~ly로 끝나면 부사인 경우가 대부분이고 부사는 장소, 시간, 방법, 원인, 정도를 나타낸다는 것도 부사를 알 수 있는 단서이지만, 부사의 쓰임 즉, 부사와 8품사(명사, 동사, 형용사, 부사, 전치사, 대명사, 접속사, 감탄사) 사이에서 그들의 관계를 보면 정확히 알 수 있어.

비교	명사	동사	형용사	부사
국어	깨끗함(청결)	깨끗이 하다	깨끗한	깨끗이
영어	cleanness	clean	clean	clean

비교에서 보듯이 clean은 동사, 형용사, 부사로 쓰일 수 있어. 하지만 각 품사의 쓰임이 다르듯이 clean의 문장에서의 위치에 따라 형용사로 쓰였으면 깨끗한, 부사로 쓰였으면 깨끗이 등으로 해석해 주면 돼.

부사는 수식어로서 동사, 형용사, 부사 자신 이외의 다른 부사 또는 문장을 수식해.

앞에서 '수식어는 문장의 구성요소로서의 수식어(문장의 선택구성요소)와 품사를 꾸며주어 그 품사와 함께 문장의 구성요소로 쓰인 일반수식어로 나뉜다'고 했어. 단독으로 문장 구성요소로서의 수식어로 쓰일 수 있는 품사가 바로 부사야. 즉 부사가 동사를 수식하거나 문장이나 절을 수식하는 경우, 부사는 문장의 구성요소로서의 수식어로 쓰여.

여러 단어가 문장의 구성요소로서의 수식어로 쓰이면, 즉 동사, 문장 또는 절을 수식하면, 그 어구는 부사어구로 볼 수 있어.

자 그럼 부사의 쓰임새에 대해 알아보자!

1. 동사를 수식하는 부사

They thought carefully about their roles once again.

해석 | 그들은 /생각했었다 /주의 깊게 /그들의 역할에 대해서 /다시 한 번

| 그들은 그들의 역할에 대해서 다시 한 번 주의 깊게 생각했었다.

어휘 | think-thought-thought 생각하다　carefully 주의 깊게　role 역할　once again 다시 한 번

부사 carefully가 자동사 thought(뒤에 목적어가 없으므로) 뒤에서 thought를 수식하고 있어.

You should answer the question honestly.

해석 | 너는 /대답해야만 한다 /질문에 /정직하게(동사 수식 부사)

| 너는 질문에 정직하게 대답해야 한다.

어휘 | answer 대답하다　question 질문　honestly 정직하게

부사 honestly가 타동사의 목적어 뒤에서 동사 should answer을 꾸며주고 있어.

the question는 질문에라고 해석이 되지만 question는 관사 the와 함께 있으니 명사임이 분명하고, the question는 주어를 설명하지도 않고 동격에 놓일 수도 없어서 보어는 될 수 없기에, 동사 뒤에 위치한 목적어임이 분명해. 해석이 아닌 어휘들 간의 관계와 위치가 의미를 분명히 하고 해석을 고정된 어휘의 뜻을 벗어나 자연스럽게 해.

2. 형용사를 수식하는 부사

부사↓   형용사
The kindergarten is **very** different.
　　　　S　　　V　　　　SC

해석 | 그 유치원은 /이다 /매우 다른

　　　 | 그 유치원은 매우 다르다.

어휘 | ☆kindergarten 유치원

부사 very가 형용사 different 앞에서 뒤에 different를 수식하고 있어. 매우 유치원도, 매우 이다도 아니고 매우 다른이기에 very는 different를 수식한다고 볼 수밖에 없고 different(다른)는 형용사이기에 very는 부사로 볼 수밖에 없어. 왜냐하면 형용사를 수식하는 것은 부사밖에 없어서야. 여기서 very는 매우라는 정도를 나타내는 부사야.

여기서 형용사 different가 보어로 쓰였기에 very different는 보어 자리에 쓰인 형용사구라고 볼 수 있어. 즉 부사 very가 different를 수식하여 함께 형용사구를 이루면서 보어로 쓰인 것이지.

형용사 different는 보어로 쓰였지만 부사 very의 수식을 받기에, very는 수식어라고 표현하기도 해. 물론 문장의 구성요소로서의 수식어란 의미는 아니고 문장의 구성요소를 수식하여 문장의 구성요소와 함께 문장의 구성요소로 쓰이는 일반수식어란 의미야.

관사↓   부사↓   ↓형용사 ↓명사

This is a very easy task.

S   V   SC (관사 a부터 그에 대응하는 명사 task 까지 주격보어)

해석 | 이것은 /이다 /매우 쉬운 일

| 이것은 매우 쉬운 일이다.

어휘 | ☆task 과제, 일, 직무

description of the sample

very가 easy를 수식하기에 very easy(문장의 구성요소를 수식하여 문장의 구성요소와 함께 문장의 구성요소로 쓰이는 일반수식어)는 함께 task를 수식한다고 볼 수 있어.

이때의 very는 따로 수식어라 표현하지 않고 부사인 very가 형용사 easy를 수식했다고 표현하는 것이 보통이야. very easy는 형용사구이지만 이를 수식어라 표현하는 게 일반화 되어있기에, very를 수식어라 표현하면 very easy와 구별이 가지 않고 혼동이 오기에 그러는 것 같아.

개인적인 생각으로는 very easy도 형용사구가 명사를 꾸며준다고 생각하고 문장의 구성요소로서의 수식어만을 수식어라 부르는 게 옳다고 보아.

3. 다른 부사를 수식하는 부사

↓다른 부사를 수식하는 부사 (carefully를 수식/매우 주의 깊게)

You must listen very carefully.─부사

S   V   M(문장의 구성요소로서의 수식어)

해석 | 너는 / 들어야만 한다 /매우 주의 깊게

| 너는 매우 주의 깊게 귀 기울여야 한다.

부사 very가 다른 부사 carefully를 수식하기에 very carefully가 함께 1형식 동사 must listen을 수식하고 있어. 여기서 listen은 주어 다음인 동사 자리에 들어오는 품사로서의 동사로 볼 수 있고, must listen은 주어 뒤에 위치하는 문장의 구성요소로서의 동사로 볼 수 있어.

carefully는 동사를 수식(주의 깊게 귀 기울여야 한다)하기에 문장의 구성요소로서의 수식어라고 볼 수 있고, 따라서 carefully가 very의 수식을 받아 함께 부사구로서 수식어로 쓰였다고 볼 수 있어.

↓부사 수식 부사

The far more serious disaster came to us last year.

S   V   M   M

해석 | 훨씬 더 심각한 재난이 /왔다 /우리에게 /작년에

| 작년에 우리에게 훨씬 더 심각한 재난이 다가왔다.

어휘 | ☆serious 심각한 ☆disaster 재난

부사 far가 부사 more를 수식하고, 수식받는 부사 more가 형용사 serious를 수식하고, 이 형용사 serious가 명사 disaster를 수식하므로 결국 관사 The부터 명사 disaster까지 함께 명사구로서 주어 자리에 쓰였어.

쉽게 풀어 쓴 문법 개념 **NOTE**

4. 문장을 수식하는 부사

↓부사
Honestly, [I am not a good cook like my mother]. 문장
M   S   V   SC   M

해석 | 솔직히 [나는 /아니다 /좋은 요리사가 /나의 엄마처럼]

| 솔직히 나는 나의 엄마처럼 좋은 요리사는 아니다.

부사 Honestly가 콤마(.) 뒤에 있는 문장을 수식하고 있어. 부사, S+V~의 구조는 부사가 문장을 수식한다는 것을 표현해.

↓동사   ↓부사 (동사 should answer 수식: 정직하게 대답해야만 한다)
비교) You /should answer /the questions /honestly.
                        문장 수식
  = Honestly, you should answer the question.

honestly가 문장에서의 위치에 따라 동사 또는 문장을 수식한다고 볼 수도 있겠지만, 부사는 동사와 문장 둘 다 깊은 관계로 의미를 표현하기 때문에 무엇을 수식하느냐를 따지는 것은 별로 의미가 없고, 두 경우(문장 수식의 수식어, 동사 수식의 수식어)는 모두 문장의 구성요소로서의 수식어 또는 선택구성요소라고 표현하는 게 적당하다고 볼 수 있어.

5. 빈도부사

빈도부사란 어떤 일이 되풀이되는 정도나 횟수를 뜻하는 부사를 말해. 빈도부사에는 never(결코 ~않다), often(종종), sometimes(때때로), always(항상) 등이 있어. 이 빈도부사는 일반동사 앞, be동사 뒤, 또는 조동사와 본동사(be동사, 일반동사) 사이인 조동사 뒤에 위치할 수 있어.

↓빈도부사　↓일반동사
Children sometimes hurt themselves.
S　　M　　V　　O

해석 | 아이들은 /가끔 /다친다 /그들 스스로

　　 | 아이들은 그들 스스로 가끔 다친다.

어휘 | ☆sometimes 가끔　☆hurt 다치다　☆themselves 그들 (자신) 스스로

↓일반수식어로 쓰인 부사
비교) Most schools begin vacation sometime in July.
　　　S　　　　V　　　O　　　　M

해석 | 대부분의 학교들은 /시작한다 /방학을 /7월의 언젠가

　　 | 대부분의 학교들은 7월의 언제쯤 방학을 시작한다.

어휘 | ☆most 대부분　☆begin 시작하다　☆vacation 방학　☆sometime 언제　☆July 7월

↓조동사　↓빈도부사　↓본동사
I should always put an aim /of my heart to God to ask /myself / 'who I am'.
S　　V+M　　　　　　　O　　　　　　M　　　　　　M

해석 | 나는 /항상 두어야 한다 /목적을 /나의 마음의 /하나님을 향하여 /질문하기 위해서 /나 자신에게 /'나는 누구인가'

　　 | 나는 항상 나의 마음의 목적을 하나님을 향하여 두어야 한다. 나 자신에게 '나는 누구인가'라는 질문을 하기 위해서.

notion

ever의 의미는 never와 비교할 때 그 의미가 분명해져. 왜냐하면 never는 not ever이기 때문이지. never는 결코 ~한 적이 없다로서 한 번도 해당되지 않는 것을 의미하는 반면에 ever는 한 번 이상을 뜻해.

never: ← - - - - - - - - - - - - - 無/zero - - - - - - - - - - - - - →
기간: A   B

ever: ← - - - - - 有/A에서 B 사이의 어디 또는 전부 - - - - - →
기간: A   B

한 번이라도(한 번 이상)↓ ↓현재완료: have+과거분사/(지금까지) ~해 왔다
Have you **ever** **been** /to Korea?

(지금까지) 너는ₛ 한 번이라도ₘ 있어본 적 있니 /한국에ₘ

sample of sentence

↓종속접속사(주어와 동사를 이끎)
He is the cutest **boy (I have ever seen)** /**since** I was in high school.
S V   SC   CONJ S   V   M

그는 /이다 /가장 귀여운 소년 (내가 여태껏 본) /내가 고등학교에 (입학한) 이후로

I have ever seen (소년들을 본 기간)
과거 ← - - - ┆- - - - - - - - - - - - - - → ┆- - → 미래
          ↑고등학교에 입학한 때   ↑현재

notion

　　전치사는 문장 내에서 명사 또는 어구 앞에 위치하여 명사 또는 어구와 함께 하나의 수식어(형용사, 부사)를 이루는 품사를 말해. 그리고 전치사와 함께 수식어를 이루는 명사 또는 어구를 전치사의 목적어라고 표현해. 예를 들어 for him이 있어. 여기서 him은 전치사 for의 목적어이기 때문에 대명사의 목적격인 him을 쓰게 되는 것이지.

　　전치사+(명사 또는 명사구)를 전치사구라고 해. 하지만 전치사가 절 앞에 위치하여 절과 함께 수식어를 이루는 경우도 있어. 이때에는 전치사가 절을 다른 절에 이어준다고 해서 접속사로 보기도 해. 예를 들어 전치사 after 뒤에 절(S+V~)이 올 경우, 여기서 after를 접속사로 보는 것이지.

sample of sentence

God was alone **in the beginning** /as he is the only one /(from nothing).
　S　V　SC　　　　　M　　　　　CONJ　S　V　　　SC

해석 | 신은 /존재했었다 /홀로 /처음에 /그가 유일한 한 명이듯이 /아무것도 없는 상태에서

　　　| 신은 처음에 홀로 존재했었다, 오직 그만이 아무것도 없는 상태에서 존재하는 유일한 이이듯이 .

어휘 | ☆beginning 처음

There was no space and time /before God created /the world.
　M　V　　S　　　　　　CONJ　S　V　　O

해석 | 공간과 시간은 없었다 /하나님이 창조하기 전에는 / 세상을

　　　| 하나님이 세상을 창조하기 전에는 공간과 시간이 없었다.

어휘 | ☆space 공간　☆create 창조하다

구문 | 유도부사인 there 뒤에는 동사 + 주어로 어순이 도치돼.

1. 구, 절의 구별

1) 어구: 구와 절을 통틀어서 어구라 표현할 수 있어.

2) 구: 2개의 단어 이상이 모여 하나의 의미를 뜻하여 문장에서 품사로 쓰인 단어들을 말해. 그
안에 주어와 동사가 없는 형태를 의미해.

   품사별로 구는 명사구, 형용사구, 부사구로 쓰인 단어들을 의미해. 전치사구 외에 명사구, 형용사구, 부사구를 만드는 것은 단독으로 문장의 구성요소로 쓰일 수 있는 명사, 형용사, 부사야. 즉, 수식받는 품사가 명사이면 명사구로, 형용사이면 형용사구로, 부사이면 부사구로 볼 수 있어.

The most important issue is [the effectiveness (of class time)].

해석 | 가장 중요한 이슈는 /이다 /수업시간의 효율성

| 가장 중요한 이슈는 수업시간의 효율성이다.

어휘 | important 중요한　issue 이슈　effectiveness 효율성　class 수업

   of class time이 the effectiveness를 수식하고 있어. of class time이 각각 따로 떨어져서는 수업시간의라는 의미가 되지 않기 때문에 즉, 수업시간(class time)이 아닌 수업시간의(of class time)라는 의미가 되게 하기 위해서는 of class time은 하나의 의미 단위여야 해. of class time은 하나의 의미 단위로서 명사를 수식하기 때문에 형용사의 의미 단위 즉, 그 안에 주어와 동사가 없으므로 형용사구가 되는 거야!

3) <u>절</u>: 주어와 동사를 포함하고 있으나 독립하여 문장이 되지 못하고 문장의 구성 성분(명사절, 형

용사절, 부사절)<u>으로 쓰이는 단위</u>를 절이라고 해.

sample of sentence

주절　　　　　　　　접속사　주어　동사　　목적어　　　　수식어　　　종속절(부사절)

[{I sweat a lot} /{when I play /soccer /in summer}.] ← 1형식 문장
　　S　　V　　M　　　　　　　　　　　　　　　　　M

해석 | 나는 /땀을 흘려 /많이 /내가 play할 때 /축구를 /여름에

　　　| 나는 여름에 축구를 play할 때 땀을 많이 흘려.

어휘 | ☆sweat 땀을 흘리다　☆soccer 축구

description of the sample

두 개의 절이 모여 하나의 문장을 이루고 있다는 표현을 마침표(.)가 해주고 있어.

<u>주절</u>이란 문장의 주인 되는 절이란 의미로서 문장의 형식을 결정하는 절을 의미해.

<u>종속절</u>이란 주절에 <u>접속사</u>로 주어와 동사 이하가 주절에 종속되게 연결된 절을 의미해. 따라

서 이때의 접속사를 종속접속사라 부르게 된 거지.

sample of sentence

접속사　　주어　　　　　　동사　　　　수식어　종속절(명사절)

[{That Jesus /was conceived /in Mary} /was /through the Holy Spirit.] ← 1형식 문장
　　　　　S　　　　　　　　　　　　　　　V　　M

해석 | 예수님은 /잉태되었다 /마리아 배 속에서 /이었다 /성령을 통하여

　　　| 예수님은 성령에 의해서 마리아에게 잉태되었다.

어휘 | ☆접속사 that ~것　☆conceive (마음에) 품다, 잉태하다　☆Holy Spirit 성령

구문 | ☆that절(that 주어+동사~)은 명사로 쓰여서 주어, 보어, 목적어 자리에 위치할 수 있어.

2. 전치사의 종류

notion

전치사는 명사 또는 명사어구와 함께 수식어로 쓰일 수 있어. 즉, 형용사구로서 명사를 꾸며주거나 부사구로서 형용사 등을 꾸며줘. ~어구란 표현은, 예를 들어 형용사구나 절과 같이, ~구 또는 ~절을 의미해.

전치사 뒤 명사는 전치사의 목적어라고 해서 대명사가 오는 경우에는 목적격을 써. (ex: for him)

구전치사(ex: because of)라고 해서 두 단어 이상이 모여서 전치사로 쓰이기도 해.

1) about ~대하여

He / often / talks /(about his job).

그는 /종종 /말한다 /그의 직업에 대해서

about 대략(약)

We / have /(about nine dollars) /each.

우리는 /가지고 있다 /약 9달러를 /각각

위 예문에서는 about이 부사처럼 쓰여서 형용사로 쓰인 nine을 수식하기에, about nine dollars는 부사구나 형용사구로 쓰인 수식어가 아닌 명사구로 쓰인 목적어로 쓰였어.

2) <u>about to</u> 동사원형 ~할 준비가 된

The performance /is /about to begin.

그 공연은 /이다 /시작할 준비가 된(대략 시작함/시작에 대하여)

위 예문에서 be about to를 ~할 준비가 되다, 막 ~하려고 하다로 해석해서 동사구로 볼 수도
있어. about to를 구전치사로 보고 동사를 받아서 수식어로 쓰인다고 볼 수도 있지만, 전치사
about이 toV(명사로 쓰인 to부정사)를 받아서 수식어구 역할을 한다고 이해하는 편이 나을 것 같아.
왜냐하면 전치사의 목적어로는 동사가 올 수 없기 때문이야.

3) above ~위에, ~전에(전의)

A dark cloud /was /above the school.

검은 구름이 /있었다 /학교 위에

4) 형용사로 쓰인 above (전치사는 다른 품사로 쓰이기도 해)

You /need /to follow /the above instructions.

너는 /필요가 있다 /따라야 할(따라가는 것을) /전의 지시(설명서)를

5) across ~가로질러서

The girl /ran /across the street.

그 소녀는 /뛰었다 /그 길을 가로질러서

6) after ~후에

The dog /ran /after the cat.

개는 /뛰었다 /고양이를 쫓아서

7) against ~을 등지고(기대어), ~을 거슬러서(~에 반대하여), ~을 상대로

The boy /was leaning /against his car.

소년은 /기대고 있었다 /그의 차를 등지고(그의 차를 상대로)

We /voted /against that bill.

우리는 /투표했다 /그 법안에 반대하여(그 법안에 상대하여)

The students /played /soccer /against the teachers.

학생들은 /play했다 /축구를 /선생님들을 상대로

8) a head of ~앞에, ~앞서 (구전치사)

She /went /a head of me.

그녀는 /갔다 /나를 앞서서

9) along ~을 따라서

They /walked /along the union street.

그들은 /걸어갔다 /유니언 거리를 따라서

10) among (셋 이상) ~사이에

The children /debated /among themselves.

그 어린이들은 /토론했다 /그들 사이에서

11) around ~주위에

We /walked /around the building.

우리는 /걸었다 /빌딩 주위에서

12) as ~(역할)로서

She /acted /as a secretary (in our office).

그녀는 /행동했다 /비서처럼 (우리 사무실의)

13) at ~에 (공간상, 시간상 at의 목적어 주위의 작은 점을 의미할 수 있어)

The women /are /at the bus stop.

그녀들은 /있다 /버스정거장 (주위 한 곳)에

14) before ~전에 (공간상, 시간상, 우선순위상)

She /puts /her family /before her job.

그녀는 /놓는다 /그녀의 가족을 /그녀의 일전에 (그녀의 일보다 상위에)

전치사도 다른 어휘와의 관계에서 공간상 '앞에', 시간상 '전에', 우선순위상 '상위에'처럼 해석될 수 있음은 물론이야.

15) behind ~뒤에서

My friend /sits /behind her /in class.

나의 친구는 /앉는다 /그녀의 뒤에 /수업 중에

16) below ~아래에

A third of the population /live /below the poverty line.

인구의 3분의 1이 /살고 있다 /빈곤선 아래에서

17) beneath ~밑에

Climate change /warms /water /beneath the ice.

기후 변화는 /데운다 /물을 /얼음 밑에 있는

18) beside ~옆에/ besides ~제외하고

Sit /beside me.

앉아라 /내 옆에

Everyone (besides him) /is /at the beach.

그를 제외한 모두가 /있다 /해변에

19) between (둘)사이에

The long distance (between them) /does not matter.

그들 사이의 거리는 /문제되지 않는다.

20) beyond ~넘어서

Nothing is /beyond the sky.

아무것도 없다 /하늘 너머에는

21) but ~제외하고

She /works /everyday /but Saturday.

그녀는 /일한다 /매일 /토요일을 제외하고

22) by ~옆에, ~에 의해서, ~까지

My desk /is /by his.

나의책상은 /있다 /그의 것 옆에

The work /was done /by them.

그 일은 /되어졌다 /그들에 의해서

They /must arrive /by three o'clock.

그들은 /도착해야만 한다 /3시까지

23) close to ~가까운, ~가까이

My office /is /close to my house.

나의 사무실은 /있다 /나의 집 가까이에

24) despite /in spite of ~에도 불구하고

We /were /happy /despite the bad weather.

우리는 /이었다/ 행복한 /나쁜 날씨에도 불구하고

↓문장 수식 (부사구, S+V~)
In spite of difficulties, [she /overcame /the challenges].

어려움에도 불구하고 /그녀는 /극복했다 /그 난제를

25) down ~아래로, ~아래에

The young boy /ran /down the stairs.

그 어린 소년은 /뛰어갔다 /계단 아래로

26) during ~동안에

She /lived /in the north /during the war.

그녀는 /살았다 /북쪽에서 /전쟁 동안에

27) except ~제외하고

Everyone /went /to the park /except me.

모두 /갔다 /공원으로 /나를 제외하고는

28) far (away) from ~로부터 멀리

My office /isn't /far from here.

나의 사무실은 /있지 않아 /여기로부터 멀리에

29) for ~하기 위하여, ~때문에, ~대신에, ~향하여, ~동안(for 숫자)

He/ lived /here /for two years.

그는 /살았다 /여기에 /2년 동안

30) from ~로부터

We /get /help /from our friends.

우리는 /얻는다 /도움을 /우리의 친구들로부터

31) in ~안에, ~후에

The eraser /is /in the box.

그 지우개는 /있다 /상자 안에

32) in back of ~뒤에

There /is /a big tree /in back of our house.

거기에는 /있다 /큰 나무가 /우리의 집 뒤에

33) in front of ~앞에

There /is /a car /in front of their house.

거기에는 /있다 /차가 /그들의 집 앞에

34) inside ~안쪽에

They /were waiting /inside the restaurant.

그들은 /기다리고 있었다 /그 식당 안에서

35) instead of ~대신에

They /went /to Hawaii /instead of North America.

그들은 /갔다 /하와이로 /북아메리카를 대신해서

36) into ~안쪽으로

We /went /into her office.

우리는 /갔다 /그녀의 사무실 안으로

37) like ~처럼

He /doesn't look /like their father.

그는 /보이지 않는다 /그들의 아버지처럼

비교) I /like /it /here.

나는 /좋아한다 /그것을/ 여기에 있는 (그것을) → 나는 여기가 마음에 든다.

38) near ~가까이, ~근처에

I /live /near San Francisco.

나는 /살고 있어 /샌프란시스코 근처에

39) next to ~옆에

Her boy friend /sits /next to her /at the table.

그녀의 남자친구는 /앉는다 /그녀의 옆에 /테이블에서

40) of ~의, ~로, ~중에서, ~부터

The people (of that religion) /work /together.

그 종교의 사람들은 /일한다 /함께

41) off ~떨어져

New Zealand /is located /off the east coast /of Australia.

뉴질랜드는 /위치해 있다 /동쪽 해안에서 떨어져서 /호주의

42) on ~위에, ~에 붙어서

The newspaper /is /on the desk.

신문은 /있다 /책상 위에(밀착되어)

43) onto ~위로

I /moved /all the books /onto the desk.

나는 /옮겼다 /모든 책들을 /책상 위로

44) on top of ~(맨)위에

I /left /my keys /on the top of the desk.

나는 /남겨두고 떠났다 /나의 열쇠를 /책상 위에

45) opposite 정반대의, 맞은편의

My house /is /opposite her store.

나의 집은 /있다 /그녀의 가게 맞은편에

46) out (of) ~밖으로, ~밖에

↓부사처럼 쓰인 out

My nephew /took /the trash /out.

나의 조카는 /take했다 /쓰레기를 /밖으로 → (쓰레기를 밖으로 치웠다)

He /got /out of the water.

그는 /get했다 /물 밖으로 → (나왔다 물 밖으로)

47) outside (of) 바깥면의

The cats /play /outside (of) the house.

고양이들은 /놀고 있다 /집 바깥에서

48) over ~ 너머로, ~너머에

The helicopter /flew /over our building.

헬리콥터가 /날았다 /우리의 건물 위 너머에서

49) past ~지나서

The post office /is /past the shopping center.

우체국은 /있다 /쇼핑센터 지나서

50) through ~통과하여, ~지나서

I /had to come /through the city.

나는 /와야만 했다 /그 도시를 통과하여

51) throughout ~걸쳐서

There are spiders /throughout the old house.

거미들이 있다 /그 오래된 집 (전체에) 걸쳐서

52) to ~향하여, ~까지, ~에게

They /ride /to church /on the bus.

그들은 /타고 간다 /교회까지 /버스로

to가 부정사로 쓰일 때는 to 다음에 동사원형이 온다는 것은 알고 있지? ex) to go

53) toward ~향해서

Some of them /sailed /toward the west.

그들 중 몇몇은 /항해했다 /서쪽을 향하여

54) towards ~향하여, ~즈음에

I /always /feel /hungry /towards lunchtime.

나는 /항상 /느낀다 /배고픈 /점심시간이 다 되면

55) under ~아래에, 아래로

Some of us /sat /under the tree.

우리들 중 일부는 /앉았다 /나무 아래에

56) underneath ~아래에, ~속에

A skeleton /was found /underneath a car park.

한 유물이 /발견되었다 /주차장 아래에서

57) until ~까지

I /waited /until six o'clock.

나는 /기다렸다 /6시까지

58) up ~위로

The puppy /jumped /up the box.

그 강아지는 /점프했다 /상자 위로

59) with ~함께

I /like /to talk /with her.

나는 /좋아해 /대화하기를 /그녀와 함께

60) within ~내에

There is a hospital /within four miles /of our town.

병원이 있어 /4마일 이내에 /우리 마을로부터

61) without ~없이

We /can't live /without God /as God created /us.

우리는 /살 수 없다 /하나님 없이는 /하나님이 창조하였듯이 /우리를

3. 전치사의 목적어로 쓰이는 절

전치사와 함께 쓰여 수식어를 형성하는 전치사의 목적어로는 절도 쓰일 수가 있어.

I /know nothing /about her /except (that she is a lawyer).

해석 | 나는 /아무것도 알지 못해 /그녀에 대해서 /그녀가 변호사라는 것을 제외하고는

| 나는 그녀가 변호사라는 것을 제외하고는 그녀에 대해서 아무것도 알지 못해.

어휘 | except ~을 제외하고   lawyer 변호사

except that(that 이하를 제외하고)을 함께 접속사로 설명하기도 해.

4. 전치사와 전치사의 목적어가 떨어져서 위치하는 경우

notion

의문사, 관계대명사를 목적어로 하는 전치사는 전치사의 목적어와 떨어져서 위치하는 경우가

있어.

sample of sentence

I don't know /(what you are talking about).

해석 | 나는 /잘 모르겠어 /무엇에 대하여 네가 이야기하고 있는지를

| 나는 네가 무엇에 대하여 이야기하고 있는지를 모르겠어.

description of the sample

you are talking about what에서 의문사인 what이 의문사절(의문사+주어+동사) 내에서 맨 앞으

로 이동해서 생긴 현상이야.

5. 형용사구로 쓰인 전치사구

전치사구는 형용사구로 쓰여서 명사 또는 명사구를 수식할 수 있어.

[명사구] ↓형용사구(전치사구)
[The pencil (on the desk)] is hers.
     S   V SC

해석 | 그 연필(책상 위에 있는)은 /이다 /그녀의 것

| 책상 위에 있는 그 연필은 그녀의 것이다.

be동사 뒤에는 보어가 오지만 수식어가 오는 경우가 있다고 했어. 그 경우가 바로 be동사 뒤에 전치사구가 오는 경우야. 하지만 be동사 뒤 전치사구를 형용사로 보아 주격보어로 보는 경우도 있어.

흔히들 be동사 뒤 of+명사를 주격보어로 볼 때가 있어. 예를 들어 Love is of importance라는 문장에서 of importance를 보어로 보는 것이지. 왜냐하면 of importance는 Love is important라는 문장에서 주격보어로 쓰인 important를 대신해서 쓴 다른 표현이라고 생각하기 때문이야.

전치사구가 보어로 쓰이는지 아니면 수식어로 쓰이는지를 구별할지라도 문장구조 분석으로 인한 독해에 도움이 되지는 않아 보여. 따라서 구별할 이익이 없기에, 명사 수식의 전치사구(일반수식어)가 아니라면 문장의 구성요소로서의 수식어인지 아니면 보어인지를 구별할 필요는 없다고 생각해.

6. 부사구로 쓰인 전치사구

전치사구는 부사구로 쓰여서 동사, 문장, 절을 수식할 수 있어.

↓동사 ↓부사구(동사 won 수식)
She won the race with ease.
S V O M

해석 | 그녀는 /우승했다 /경주에서 /쉽게

| 그녀는 경주에서 쉽게 우승했다.

어휘 | ☆win-won-won 획득하다, 승리하다 ☆race 경주 ☆ease 쉬움

수식어가 타동사를 수식할 때는 목적어 뒤에 쓰일 수 있어.

notion

비교란 문장 내에서 무언가가 비교될 때 쓰이는 표현이야. 즉 비교되는 대상의 의미가 느껴질 때 쓰는 표현이야.

동사에는 동사의 원형과 현재형 그리고 과거형이 있듯이, 형용사와 부사에도 원급과 비교급 그리고 최상급이라는 것이 있어. 우리가 보통 단어로서 형용사(예: young 젊은) 또는 부사로 인식하는 것이 원급이고, 이 원급에 er를 붙이면 비교급(예: younger 더 젊은)이 되고, est를 붙이면 최상급(예: youngest 가장 젊은)이 돼. 단, 원급이 y로 끝나는 단어는 y를 i로 고친 후 er 또는 est를 붙이는 경우가 있어.

|비교표현 불규칙 변화|

원급(형용사/부사)		비교급(더 ~한)	최상급(가장 ~한)
good 좋은 / well 잘		better 더 좋은/더 잘	best 가장 좋은/가장 잘
bad 나쁜 / ill 아픈		worse 더 나쁜/더 아픈	worst 가장 나쁜/가장 아픈
many 수가 많은 / much 양이 많은		more 더 많은	most 가장 많은
little 적은		less 더 적은	least 가장 적은
old	나이 든	older 더 나이 든	oldest 가장 나이 든
	손위의	elder 더 손위의	eldest 가장 손위의
far	거리가 먼	farther 더 먼	farthest 가장 먼
	정도가 먼	further 더 먼	furthest 가장 먼

비교 표현은 비교급과 최상급으로 표현하기도 하지만, 보통은 형용사나 부사의 원급 앞에
more, less를 붙여서 비교급을 표현하거나 the most, the least를 붙여서 최상급을 표현해.

She is more pretty.
S V   SC

해석 | 그녀는 /이다 /더 예쁜

| 그녀는 더 예쁘다.

↓생략
Her camera is better /than mine (is).
S   V   SC   CONJ S   V

해석 | 그녀의 카메라는 /이다 /더 좋은 /나의 것보다

| 그녀의 카메라는 나의 것보다 더 좋다.

어휘 | ☆camera 사진기 ☆than ~보다 ☆mine 나의 것

↓생략
He can run faster /than any other man (run fast) /in the group.
S   V   M   CONJ   S   V   M   M

해석 | 그는 /뛸 수 있다 /더 빨리 /(빨리 뛰는) 다른 어떤 남자보다도 /그 그룹에서

| 그는 그룹에서 다른 어떤 남자보다도 더 빨리 뛸 수 있다.

어휘 | ☆등위접속사 than ~보다

구문 | ☆등위접속사란 동일한 품사, 동일한 문장의 구성요소 또는 어구 등을 앞뒤로 대등하게 연결하여 여러 단어를 하

나의 품사나 문장의 구성요소로 보거나 또는 두 개의 절을 하나의 문장으로 보게 하는 품사야.

Many more believed of his own word.
S   M   V   M

해석 | 많은 이들이 /(점점) 더 /믿었다 /그의 말을

해석 | 더 많은 사람들이 점점 더 그의 말을 믿었다.

어휘 | own 자신의, 고유의

= Many believed of his own word more and more.

1. 비교급

many(더), less(덜)을 써서 이들이 수식하는 품사나 주어, 목적어를 비교할 수 있어. 이때, 비교의 기준이 되는 표현 앞에 than(~보다)을 써서 비교의 의미를 분명히 할 수 있어.

↓비교 대상　　　　　　　　↓비교의 기준　　　　↓생략
It is more easy /than any previous system (is easy).
S　V　　SC　　　CONJ　　　　S　　　　　　V　SC

해석 | 그것은 /이다 /더 쉬운 /어떤 이전의 제도(가 쉬웠던 것)보다도

　　　　| 그것은 어떤 이전의 제도보다도 더 쉽다.

어휘 | ☆previous 이전의　☆system 제도

주격보어인 more easy가 주어로 쓰인 대명사 It을 비교 표현으로 비교하고 있어.

↓가주어(비교 대상)　　　　　　↓진주어　　　　　↓생략　　　　　↓비교의 기준
It is less difficult for us to do sin /than (it is difficult for us) to be righteous
S　V　　SC　　　　　M　　　CONJ　S　V　　SC　　　　　　M

/as we are /descendants /of sinners.
CONJ　S　V　　　　SC

해석 | 그것은 /이다 /덜 어려운 /우리가 죄를 짓는 (그것은It) /의로운 것보다 /우리가 있듯이 /후손으로 /죄인들의

　　　　| 우리가 죄인의 후손이듯이 우리가 죄를 짓는 그것은 덜 어렵다, 우리가 의로운 것보다.

어휘 | ☆righteous 의로운　☆descendants 후손　☆sinner 죄인

주격보어인 less difficult가 주어로 쓰인 It(to do sin)을 비교하고 있어.

sample of sentence

You made it more difficult for me.
S   V   O   OC   M

해석 | 너는 /만들었다 /그것을 /더 어려운(어렵게) /나에게

| 너는 그것을 나에게 있어서 더 어렵게 만들었어.

description of the sample

You가 아니라 it인 목적어가 더 어려운 것이니 more difficult가 목적격보어인 건 알겠지. 목

적격보어인 more difficult가 목적어인 it이 더 어려워졌다는 내용으로 비교하고 있어.

sample of sentence

God made Solomon wiser /than any other people (wise) /in the world /as God
S   V   O   OC   CONJ   O   OC   M   CONJ S

gave /him /wisdom.
V   IO   DO

해석 | 하나님은 /만들었다 /솔로몬을 /더 현명한 /(현명한) 어떤 다른 사람들보다도 /세상에서 /하나님이 준 것처럼 /그에

게 /지혜를

| 하나님은 솔로몬을 세상의 현명한 어떤 다른 사람들보다 더 현명하게 해주셨다, 하나님이 그에게 지혜를 줌으로.

어휘 | wise 현명한, 지혜로운 wisdom 지혜

More people were gathering /to listen /to Jesus /as they were starving /for
  S   V   M   CONJ S   V

knowledge /of (God, salvation and truth).
      M

해석 | 더 많은 사람들은 /모이고 있었다 /듣기 위해서 /예수님의 (말씀을) /그들이 굶주린 것처럼 /지식에 /하나님, 구원

그리고 진리에 관한

| 더 많은 사람들이 예수님의 (말씀을) 듣기 위해서 모이고 있었어, 마치 그들이 하나님과 구원 그리고 진리에 관한

지식에 굶주린 것처럼.

어휘 | ☆gather 모이다, 모으다 ☆starve 굶주리다 ☆knowledge 지식 ☆salvation 구원

description of the sample

people 앞에 비교 표현인 more로 people을 수식하면서 (예상보다)더 많은 사람들이라는 의미

로 people을 비교하고 있어.

sample of sentence

More expensive doors may use an electronic sensor.
          S   V   O

해석 | 더 비싼 문들은 /아마도 사용한다 /전자 센서를

| 더 비싼 문들은 전자 센서를 사용할지도 모른다.

어휘 | ☆expensive 비싼 ☆use 사용하다 ☆electronic 전자의 ☆sensor 감지

doors를 수식하는 expensive앞에 비교 표현인 more로 expensive를 수식하면서 (일반 문보다) 더 비싸다는 의미로 doors를 비교하고 있어.

New smart phones can react more quickly.
       S   V   M

해석 | 새 스마트폰은 /반응할 수 있다 /더 빨리

| 새 스마트폰은 더 빨리 반응할 수 있다.

more quickly가 can react를 수식하면서 새 스마트폰의 반응 속도를 (이전의 스마트폰의 반응 속도를 기준으로)비교하고 있어.

Zacchaeus ran ahead more quickly to see /Jesus.
   S   V   M   M   M

해석 | 삭개오는 /뛰었다 /앞으로 /더 빨리 /보기 위해서 /예수님을

| 삭개오는 예수님을 보기 위해서 더 빨리 앞으로 뛰었다.

어휘 | ＊ahead 앞으로 ＊quickly 빨리

more quickly가 ran을 수식하면서 다른 사람보다 더 빨리 뛰었다고 Zachaeus를 비교하고 있어.

2. 비교급 수식

비교 표현은 even, far, much, still, a lot으로 수식될 수 있어. 이때 비교 표현을 수식하는 애들은 편의상 **훨씬**으로 해석할 수도 있어.

↓비교급 수식
The **much** more important thing /than any other thing is to love /God.
 S   V   SC

해석 | 많이(훨씬) 더 중요한 것은 /어떤 다른 것보다도 /이다 /사랑하는 것 /하나님을

| 다른 어떤 것보다도 많이 더 중요한 것은 하나님을 사랑하는 것이다.

어휘 | ☆important 중요한 ☆thing 사물, ~것

구문 | ☆접속사 than에 의해서 any other thing이 주어로 쓰인 명사구 The much more important thing과 병렬 구조를 이루고 있어.

↓비교급 수식
This is **far** better /than that.
 S   V   SC

해석 | 이것은 /이다 / 훨씬 더 좋은 /저것보다

| 이것은 저것보다 훨씬 더 좋다.

3. 최상급

notion

the most(가장 ~한), the least(가장 ~하지 않는)를 써서 최상급을 표현할 수 있어.

~est로 표현할 수 있는 경우가 있음은 물론이고, 그 외 비교급과 그 표현 방법이 같아. 하지만 비교급에서는 비교 기준이 주어질 수 있는 반면에 최상급에서는 비교 범위가 주어질 수 있어. 왜냐하면 최상급은 여러 비교 대상(비교 범위)을 비교할 때 쓰는 표현이기 때문이야.

sample of sentence

↓비교 대상 ↓최상급 표현   ↓비교 범위
He is the least friendly one (of all those members).
S   V   SC

해석 │ 그는 /이다 /가장 다정하지 않은 한 명 /그 구성원들 중에서

　　　│ 그는 그 구성원들 중에서 가장 다정하지 않다.

어휘 │ friendly 다정한　members 구성원

description of the sample

최상급 표현인 the least가 friendly one을 꾸며주어 friendly one와 함께 주격보어로서 주어를 설명하면서, 주어로 쓰인 대명사 He를 비교 범위 of all those members 내에서 비교하고 있어.

↓최상급 표현

A sinful woman showed **the greatest** love /in the town to Jesus.
S V O M

해석 | 한 죄 많은 여인이 /보여 주었다 /가장 큰 사랑을 /그 마을 안에 있는 (사람들 중에서) /예수님께

| 한 죄 많은 여인이 그 마을 안에 있는 사람들 중에서 예수님께 가장 큰 사랑을 보여 주었다.

어휘 | ☆sinful 죄 많은

최상급 표현인 the greatest가 love를 꾸며주면서 함께 목적어로서 쓰이고 있어.

한 죄 많은 여인의 사랑이 in the town 내에서 비교되고 있어.

4. 최상급 수식

최상급 수식은 much, by far를 쓸 수 있어.

↓최상급 수식   ↓최상급

By far the best way /to God is to love /him /more /than to love /anyone.
S V SC

해석 | 비교할 수 없을 정도로 가장 최고의 길은 /하나님을 향한 /이다 /사랑하는 것 /그를 /더 /사랑하는 것보다 /어떤 이라도

| 하나님을 향한 비교할 수 없을 정도로 가장 최고의 길은 어떤 다른 이를 사랑하는 것보다 하나님을 더 사랑하는 것이다.

5. 자체 비교

자체 비교 시에는 최상급에서 the를 붙이지 않아. 뉘앙스로 저절로 알기 전까지는 '최상급에 the를 붙이지 않는 경우도 있다'라는 정도만 인지하는 것도 나쁘지는 않아.

↓가짜 비교 대상(가주어)　　↓자체 비교　　↓진짜 비교 대상(진주어)

It is most kind /of you to say so.
S　V　　　　　SC　　　　　M

해석 | 그것은 /이다 /가장 친절한 /너에게 있어서 /그렇게 말하는 (그것은)

| 네가 그렇게 말하는 그것은 가장 친절한 것이다(너에게 있어서).

어휘 | ☆kind 친절한

It은 가주어이므로 진주어인 to say so가 비교 대상이야. 다른 사람과 너의 친절함이 아닌 of you 즉, 너 내면에서의 친절함인 그렇게 말하는 것을 비교하고 있어.

most는 보통 '대부분'이란 뜻이고 the most는 최상급을 의미하지만, most가 자체 비교 시에 관사 the 없이 최상급을 의미해서 가장 ~한이라고 해석되고 있어.

part 4 **동사**

unit 1 ## 동사의 2가지 기능

notion

동사는 주어 다음인 동사 자리에 위치해. 즉, 동사 자리에 위치하는 품사로서의 동사와 품사로서의 동사가 위치하는 자리인 문장의 구성요소로서의 동사, 이 2가지 의미로 쓰여. 주어 자리에 명사가 쓰이듯이 동사 자리에 동사가 쓰이는 것이지.

품사로서의 동사는 명사구가 주어 자리에 쓰일 수 있듯이 다른 어휘와 함께 문장의 구성요소로서의 동사 자리에 쓰일 수 있어. 그 예로는 동사구(예: be about to), 진행형, 수동태 등이 있어.

unit 2 ## 시제

1. 동사는 동사의 현재형과 과거형으로 현재시제나 과거시제를 표현할 수 있어.

sample of sentence

↓동사의 현재형(현재시제)
She uses fear and love to help /her son.
S   V   O   M

해석 | 그녀는 /사용한다 /두려움과 사랑을 /돕기 위해서 /그녀의 아들을

| 그녀는 그녀의 아들을 돕기 위해서 두려움과 사랑을 사용한다.

어휘 | ☆use 사용하다 ☆fear 두려움

↓동사의 과거형(과거시제)

Jesus paid for our debts to save /us /when he sacrificed /himself /to the cross.
  S   V   O   M   CONJ S   V   O   M

해석 | 예수님은 /지불하셨다 /우리의 죄값을 /구하기 위해서 /우리를 /그가 희생했을 때 /그 자신을 /십자가에

| 예수님은 우리를 구하기 위해서 우리의 죄값을 지불하셨다, 그가 그 자신을 십자가에 희생했을 때.

어휘 | pay for 지불하다　debt 부채, 빚　save 구하다　sacrifice 희생하다　cross 십자가

2. 미래시제

1) 주어의 의지가 포함되어 있을 때는 will을, 계획된 예정을 나타낼 때는 be going to를 써서 미래를 표현할 수 있어. 하지만 will은 추측 등 단순하게 미래를 표현할 때도 일반적으로 쓰여.

Jesus will come back again on the clouds /of heaven.
  S   V   M   M

해석 | 예수님은 /돌아오실 것이다 /다시 /구름을 타고 /천국의

| 예수님은 천국의 구름을 타고 다시 오실 것이다.

어휘 | again 다시　cloud 구름

The dead <u>are going to be revived</u> by God /when the time comes.
S · V · M · CONJ · S · V

해석 | 죽은 이들은 /부활할 것이다 /하나님에 의해서 /때가 되었을 때

| 때가 되었을 때 하나님에 의해서 죽은 이들은 부활할 것이다.

어휘 | ☆dead 시체, 죽은 자

문법적 요소는 같지만 어떻게 보느냐에 따라 문장구조를 달리할 수도 있어. (밑에)

문장구조 비교) They <u>are going to see</u> /performances.
S · V · M

해석 | 그들은 /(마음이) 가는 중이야 /보기 위해서 /공연들을

| 그들은 공연들을 보기 위해서 갈 거야.

어휘 | ☆performance 공연

2) 미래시제에서 쓰이는 현재형

고정되거나 변할 가능성이 없는 미래에 일어날 일(불변의 진리)들에는 현재형을 쓰곤 해.

The Earth revolves around the Sun.
S   V   M

해석 | 지구는 /돈다 /태양 주위를

| 지구는 태양 주위를 돈다.

또한 현재형을 써도 미래의 일임을 분명히 알 수 있는 경우, 예를 들어 시간부사가 있는 경우, 미래시제에 동사의 현재형이나 미래형을 아무거나 편하게 쓰는 것으로 보여.

왜냐하면 시간부사가 없는 등 미래임을 알 수 없는 경우에는 미래형을 의식적으로 쓰게 되기 때문이지.

↓현재형   ↓시간을 나타내는 부사
Does the sale finish by next Thursday?
V + S   M

해석 | 세일은 끝나니 /다음 주 목요일까지?

| 세일은 다음 주 목요일에 끝나니?

어휘 | finish 끝마치다, 끝나다

3) 현재진행형이 미래형을 대신할 때

확고한 의도나 분명한 결정을 나타낼 때는 미래시제에 현재진행형을 쓰기도 해.

↓현재진행형(be동사의 현재형+동사원형ing)
I am asking Kevin to the party.
S   V   O   M

해석 | 나는 /물을 거야 /캐빈에게 /파티에 (오라고)

| 나는 케빈에게 파티에 오라고 요청할 거야.

Kevin을 초청할 결심이 말하는 시점부터 계속 유지되고 있어.

쉽게 풀어 쓴 문법 개념 NOTE

4) 시간, 조건의 부사절에서 미래시제로 쓰이는 현재형

notion

시간부사에서처럼 시간을 나타내는 접속사(주어와 동사를 이끌어 문장에서 주어, 동사와 함께 하나의 절로 쓰이는 품사)가 있는 경우 또는 조건을 나타내는 부사절에서는 미래시제에 현재형을 써.

접속사는 뒤에서 설명할게.

sample of sentence

[When you see /your sister], tell her I /miss /her.
CONJ　S　V　　O　　V　IO　　DO

해석 | 네가 볼 때 /너의 자매를 /말해라 /그녀에게 /내가 /그리워한다고 /그녀를

| 네가 너의 자매를 볼 때, 내가 그녀를 그리워한다고 말해주렴.

어휘 | miss 그리워하다

sample of sentence

[If you can go /abroad], do you want to go?
CONJ　S　V　　M　　V + S　　O

해석 | 만약 네가 갈 수 있다면 /해외로, 너는 원하니 /가는 것을

| 만약 네가 해외로 갈 수 있다면, 너는 (해외로) 가는 것을 원하니?

어휘 | abroad 해외로

3. 진행시제

진행 중인 표현이나 예정된 진행의 마음의 준비된 상태(마음에서 진행 중)의 표현에는 'be동사+현재분사(동사원형+ing)'가 쓰일 수 있어.

↓be동사　↓진행 (현재분사)　↓종속접속사

God is always helping us /whenever we pray to /him /with a good heart.
　S　　V + M　　O　　CONJ　　S　　V　　O　　　　M

해석 | 하나님은 /항상 돕고 있다 /우리를 /우리가 기도할 때마다 /그에게 /선한 진심으로

　　 | 하나님은 우리가 그에게 선한 진심으로 기도할 때마다 우리를 항상 돕는다.

어휘 | ☆always 항상　☆whenever ~할 때마다　☆pray to ~에게 기도하다

1) 현재진행형(be동사의 현재형+현재분사)

현재 진행 중인 동작에는 현재진행형이 쓰일 수 있어.

↓be동사(현재형)　↓진행(진행을 뜻하는 현재분사)

What are we having for dinner tonight?
　O　　V + S　　　M　　　M

해석 | 무엇을 /우리는 가지니 /저녁 식사로 /오늘 밤에

　　 | 우리는 저녁 식사로 오늘 밤에 무엇을 가지니?

어휘 | ☆dinner 저녁 식사　☆tonight 오늘 밤

2) 과거진행형(be동사의 과거형 +현재분사)

과거에 진행 중이었던 동작에는 과거진행형이 쓰일 수 있어.

Jesus was walking on the water to his disciples /when they were /in the boat /on the lake.
S   V   M   M   CONJ   S   V   M

해석 | 예수님은 /걷고 있었다 /물 위를 /그의 제자들을 향하여 /그들이 있을 때 /보트 안에 /호수 위의

| 예수님은 그의 제자들을 향하여 물 위로 걸어오셨다. 그들이 호수에서 보트 안에 있을 때.

어휘 | ☆disciple 제자 ☆lake 호수

3) 미래진행형(will be +현재분사)

미래의 어느 시점에 진행 중일 동작에는 미래진행형이 쓰일 수 있어.

Jesus will be waiting for me /when I am free /from my old body /to receive /a new body.
S   V   M   CONJ   S   V   SC   M   M

해석 | 예수님은 /기다리고 있는 중일 것이다 /나를 /내가 자유로울 때 /나의 오래된 몸으로부터 /받기 위해서 /새로운 몸을.

| 예수님은 내가 새 몸을 받기 위해서 나의 낡은 몸으로부터 자유로운 시점에 나를 기다리고 있을 것이다.

어휘 | ☆receive 받다

[No one can teach /us /how God exists /outside /of the universe], but [anything (in
    S   V   IO   DO (의문사절)

the universe) /and universe /by itself proves (that there is God /as nothing could be
    S   V   O (that절)

/from nothing /before will)].

해석 | 아무도 가르쳐 주지 못한다 /우리에게 /어떻게 신이 존재하는지를 /외부에서 /우주의 /그러나 어떤 것도 /우주 안
에 있는 /그리고 우주는 /그것 자체에 의해서 /증명한다 /신이 존재한다는 것을 /아무것도 존재할 수 없는 것처럼
/아무것도 없는 상태에서는 /의지 이전에는

| 아무도 우리에게 어떻게 신이 우주의 외부에서 존재하는지를 가르쳐 주지 못한다, 그러나 우주 안에 있는 어떤
것이라도 그리고 우주 그것 자체는 신이 존재한다는 것을 증명한다, 의지 이전에는 아무것도 없는 상태에서는 아
무것도 존재할 수 없는 것처럼.

어휘 | ☆itself 그것 자체 ☆prove 증명하다

4. 완료시제

완료시제란 어떤 시점에서부터 동사의 동작이나 상태가 어떤 시점까지 지속되었거나 지속될 때 쓰는 표현이야. 완료시제는 have동사+과거분사를 써서 표현해.

과거분사에 대해서는 분사에서 자세히 보겠지만, 여기서는 동사가 규칙동사인 경우 동사의 과거형처럼 동사에 ed를 붙인 꼴(Ved)이거나, 불규칙동사의 경우는 예를 들어서 go-went-gone에서 gone을 말해.

1) 현재완료(have 동사의 현재형+과거분사)

과거부터 시작해서 현재까지 지속되었거나 지속되고 있음을 의미해.

Have you ever been to New York?
V + S   M

해석 | 너는 한 번이라도 (지금까지) 있어본 적 있니 /뉴욕에

| 너 지금껏 한 번이라도 뉴욕에 있어본 적 있어?

2) 과거완료(had+과거분사)

과거 이전(대과거)부터 시작해서 과거까지 지속되었거나 지속되고 있었음을 의미해.

Jesus had finished his work to save /us /when he was crucified.
S   V   O   M   CONJ   S   V

해석 | 예수님은 /끝마치셨다 /그의 일을 /구하기 위해서 /우리를 /그가 십자가에 박혔을 때.

| 예수님은 그가 십자가에 박혔을 때, 우리를 구하기 위해 그 이전부터 시작한 그의 사역을 끝마치셨다.

어휘 | ☆finish 끝마치다 ☆save 구하다 ☆crucify 십자가에 박다

3) 미래완료(will have+과거분사)

미래 이전 시점부터 시작해서 미래까지 지속될 것이거나 지속되고 있을 것임을 의미해.

I will have finished my work /by the time he comes back.
S   V   O   CONJ   S   V

해석 | 나는 /끝마칠 것이다 /나의 일을 /그가 돌아올 즈음에

| 그가 돌아올 즈음에, 나는 나의 일을 끝마칠 것이다.

어휘 | ☆by the time 그 즈음에

5. 완료진행시제

완료진행시제란 어떤 시점에서부터 동사의 동작이나 상태가 어떤 시점까지 계속해서 지속될 때 쓰는 표현이야. 완료진행시제는 have동사+been+현재분사(Ving)를 써서 표현해.

1) 현재완료진행형(have동사의 현재형+been+Ving)

과거부터 시작해서 현재까지 계속해서 지속되고 있는 중임을 의미해.

↓과거완료   ↓진행(be동사+현재분사)
God has been wanting to forgive /us /as he is love.
　S　　V　　　　　　　　　O　　　CONJ S　V　SC

해석 │ 하나님은 /(지금까지) 원하는 중이다 /용서하는 것을 /우리를 /그가 사랑인 것처럼

　　　│ 하나님은 그가 사랑이듯이 지금껏 여전히 우리를 용서하기를 바라신다.

어휘 │ want 원하다　forgive 용서하다

2) 과거완료진행형(had been +Ving)

과거 이전(대과거)부터 시작해서 과거까지 계속해서 지속되고 있었던 중임을 의미해.

↓과거완료　↓진행(be동사+현재분사)
Up to that time, I had been studying.
　　　 M　　　 S　　 V

해석 | 그때까지 /나는 /(과거 이전부터 과거까지) 공부를 하고 있었다.

　　 | 나는 그때까지 공부를 하고 있었거든.

어휘 | ☆up to ~까지

3) 미래완료진행형(will have been+Ving)

미래 이전부터 시작해서 미래까지 계속해서 지속되고 있을 것임을 의미해.

↓미래　 ↓완료　 ↓진행
God will have been doing his love to save /more people.
　 S　　 V　　　　　 O　　　　　　 M

해석 | 하나님은 /(여전히)하고 있을 것이다 /그의 사랑을 /구하기 위해서 /더 많은 사람을

　　 | 하나님은 더 많은 사람을 구하기 위해서 그의 사랑을 계속해서 하고 있을 것이다.

어휘 | ☆save 구하다

6. 시제일치

시제일치는 주절(접속사 없이 주어와 동사가 있는 어구)의 동사가 과거인 경우에 종속절(종속접속사가 주어와 동사를 이끌어 주절과 함께 문장을 만드는 절)의 동사가 과거 또는 과거완료로 쓰이는 것을 뜻해. 반대로 종속절의 동사가 과거나 과거완료이면 주절의 동사 또한 과거나 과거완료임을 추측할 수 있어.

이에 따라서 주절의 동사가 조동사+완료인 경우, 종속절의 동사가 과거나 과거완료이면 주절의 동사는 과거 또는 과거완료여야 하기에, 주절에서 보이는 조동사+현재완료 형태는 조동사로 인해 had가 have로 바뀐 것으로 추측할 수 있고.

↓동사(과거완료)   ↓조동사   ↓had avoided
If you **had been** more careful, you could have avoided /the accident.
　　　　　종속절　　　　　　　　　　　　　　주절

해석 | 만약 네가 좀 더 신중했더라면, 너는 피할 수 있었을 것이다 /그 사고를

어휘 | careful 신중한　can-could ~할 수 있다　avoid 피하다　accident 사고, 우연

종속절의 동사가 과거나 과거완료가 아니면 주절에서 보이는 조동사+현재완료 형태는 조동사로 인해서 현재형인 has 또는 have가 동사의 원형인 have로 바뀐 것으로 추측할 수 있어.

sample of sentence

If she **has not traveled** a lot, she might **have saved** a lot of money.

해석 | 만약 그녀가 (지금까지) 여행을 많이 하지 않았더라면, 그녀는 (지금까지) 많은 돈을 모았을 것이다.

어휘 | ☆travel 여행하다 ☆may-might 아마 ~하다 ☆a lot of 많은

description of the sample

주절의 동사가 과거시제나 과거완료시제가 아니라서 종속절의 동사가 시제일치의 적용을 받지 않아 과거 또는 과거완료형이 아닐 수 있듯이, 종속절의 동사가 현재완료이므로 주절의 동사는 과거나 과거완료가 아니었던 것을 알기에, 주절의 have saved가 과거완료가 아닌 현재완료의 의미임을 알 수 있어.

[We can call God (who could be outside of the universe) the will because

he could exist from no space], but [he also exists in space], /as universe proves /

that there has been God /before space began].

해석 | 우리는 /부를 수 있다 /(우주 외부에서 존재할 수 있는) 신을 /'의지'라고 /왜냐하면 그는 존재할 수 있기 때문이다 /공간

이 없는 곳에서 /그러나 /그는 /또한 /존재한다 /공간 안에 /우주(공간)가 증명하듯이 /신이 있어 왔다고 /

공간이 시작되기 전부터

| 우리는 우주 외부에서 존재할 수 있는 신을 의지라 부를 수 있어, 왜냐하면 그는 공간 없는 곳에서 존재할 수 있

기 때문이야, 그러나 우주가 신이 공간 전부터 있었다고 증명하듯이 그는 또한 공간 안에 있어 왔어.

어휘 | outside (무언가의)바깥에   will 의지   exist 존재하다   space 공간   prove 증명하다

구문 | 등위접속사를 중심으로 병렬구조가 형성되고 있어. → (S+V+접속사S+V) but (S+V+접속사S+V)   위 예에서

보어 the will은 주어 We가 아니라 목적어 God ~야. 따라서 the will은 목적어 God ~이 의지라고 표현하여 목적

어를 보충하는 보어 즉 목적격보어야.   have동사의 현재형(have, has)+과거분사(Ved)는 현재완료로서 지금까

지 ~해 왔다는 의미야.

notion

조동사는 품사로서의 동사(품사동사)와 함께 문장의 구성요소로 쓰이는 동사를 말해. 조동사와 구별하기 위해 문장의 요소로 쓰이는 품사 동사를 본동사 또는 일반동사라고 해. 조동사 뒤 본동사는 동사원형으로 쓰여.

품사로서의 동사에는 be동사와 일반동사가 있는데, be동사와 일반동사 둘 다 조동사와 구별된 표현이므로 품사동사를 일반동사라고 부르는 것보다는 be동사를 포함하는 표현인 본동사(문장의 기본동사)라고 부르는 것이 논리적이라고 보아~

1. will (과거형: would /부정형: will not=won't)

notion

will은 명사형으로는 의지라는 뜻이 있어. 따라서 조동사로 쓰일 때에는 ~할 것이다와 같이 의지의 의미가 포함되어서 쓰일 수 있어. 의지란 선택의 자유뿐만 아니라 선택의 기준인 선택을 하려는 자신의 성질의 자유를 의미하기 때문에 will은 선택, 성질 등 의지의 의미를 나타내는 표현으로 쓰일 수 있어.

sample of sentence

Usually she will [come home from work and turn on the TV].
M   S   V   V   M   M   CONJ   V   O

해석 | 보통 /그녀는 /(곧장) 오곤 해 /집에 /일이 끝난 후 /그리고 /켜는 경향이 있어 /TV를

| 보통 그녀는 일이 끝나면 (곧장) 집에 와서 TV를 켜곤 한다.

어휘 | ☆turn on 켜다

구문 | ☆등위접속사 and가 조동사에 대하여 본동사 come과 turn on을 병렬로 연결하고 있어.

Trees will turn red and yellow /when fall begins.
S   V   SC   CONJ   S   V

해석 | 나무들은 /바뀐다 /빨간색과 노란색으로 /가을이 시작될 때

| 가을이 시작되면 나무는 단풍이 들곤 한다.

어휘 | turn 바뀌다　red 빨간(색)　yellow 노랑　fall 가을, 떨어지다　begin 시작하다

I would walk dogs on sunny days.
S   V   O   M

해석 | 나는 /산책을 시키곤 했어 /개들을 /햇살이 드는 날에는

| 나는 햇살이 드는 날에 개들을 산책시키곤 했어.

어휘 | walk 산책시키다, 산책하다, 걷다　sunny 햇살이 드는

2. used to (~하곤 했다, ~였다)

notion

현재에는 이미 변경이 된 이전의 과거 상태를 표현하거나, 과거의 습관을 나타내고자 할 때 쓸 수 있는 표현이야.

sample of sentence

I used to walk, but I ride a bike to school.
S   V   CONJ S   V   O   M

해석 | 나는 /걸어 다니곤 했어 /그러나 /(지금은) 나는 /타고 다녀 /자전거를 /학교까지

      | 나는 학교에 걸어 다녔는데, 지금은 자전거를 타고 다녀.

어휘 | ☆ride 타다 ☆bike 자전거

sample of sentence

There used to be many restaurants.
M   V   S

해석 | 거기에는 /있곤 했다 /많은 식당들이

      | 거기에는 많은 식당들이 있었다. (지금은 없다)

어휘 | ☆restaurant 식당

3. can (과거형: could)

능력이나 가능성을 나타낼 때는 can을 쓸 수 있어.

↓ can 대신에 현재의 의미로 쓰인 could

I could help you some other time.
S   V   O   M

해석 | 나는 /도울 수 있을 텐데 /너를 /다른 때라면

| 다른 때라면 나는 너를 도울 수 있을 텐데.

다른 때라면 도울 수 있다는 의미로 도울 수 없다는 의미이므로 가정법 과거로 볼 수 있어.

가정법에서 자세히 볼게.

be able to는 can 대신에 쓸 수 있지만, 말하는 시점에서 일어나는 일에 대해서는 잘 쓰이지 않아. 즉, you are able to do it이라는 표현보다는 you can do it이라는 표현을 사용해.

4. may (과거형: might)

가능성이나 허락을 나타낼 때는 may를 쓸 수 있어.

↓자라날 가능성을 표현

The seeds /from the plant may grow up.
   S   V

해석 | 그 씨앗들은 /식물의 /자라날지도 모른다.

| 그 식물의 씨앗들은 자라날지도 모른다.

어휘 | ☆seed 씨앗 ☆plant 식물 ☆grow up 자라다, 자라게 하다

↓공손함을 표현

Might I borrow /your pen, please?
  V + S   O

해석 | 내가 빌려도 될까요 /당신의 펜을?

| 내가 당신의 펜을 빌려도 될까요?

공손한 표현을 쓸 때에는 조동사의 과거형+동사원형으로 현재의 의미를 대신할 수 있어. 왜냐하면 if절을 종속절로 하는 가정법 과거에서 주절이 조동사의 과거형+동사원형의 형태로 현재의 의미를 표현하고 기정사실을 표현하지 않듯이, 조동사의 과거형+동사원형은 현재의 확정된 사실을 표현하지 않기 때문이야.

5. Shall (과거형: should)

　　자신의 의지가 아닌 상대방의 의지나 사회의 의지(상식적 의무)에 구속되는 등 자신의 의지 이외의 의지나 미래를 표현할 때 쓰일 수 있어. 따라서 ~해야 한다라고 해석이 돼.

What shall she do next?
O　　V + S　　M

해석 | 무엇을 /그녀는 해야 하나요 /다음에

| 다음에 그녀는 무엇을 해야 하나요?

↓shall 대신에 현재형처럼 쓰인 should

He should not do too much exercise /before he goes /to bed.
S　　V　　　　　O　　　　CONJ　S　　V　　M

해석 | 그는 /해서는 안 된다 /너무 많은 운동을 /그가 가기 전에는 /침대를 향하여

| 그는 자기 전에 너무 무리하게 운동을 해서는 안 돼.

어휘 | *too 너무, 또한　*exercise 운동

↓내가 네가 아니라서 학교에 가는 것이 아님(기정사실 아님, 그러나 현재 의미)

If I were you, I would go to school right now. (가정법 과거)
　　종속절　　　　　　　　　　　주절

해석 | 내가 만약 너라면, 나는 학교에 지금 당장 갈 것이다.

6. ought to (~해야 한다)

ought는 명사형으로 책임, 의무란 뜻으로 쓰이기에 ought to는 ~해야 한다라는 의미로 쓰일 수 있어.

　　　　　　　　　　　　　　관계부사　　　　　　　　　　　　　　　　　　　관계절
This is the reason [why I ought to work /hard /at the school].
 S V　　SC　 [　　CONJ + S + V　　　　M　　　M　　]

해석 | 이것은 /이다 /그 이유 /왜 내가 일해야 하는(그 이유) /열심히 /학교에서

　　　| 이것이 왜 내가 학교에서 열심히 공부해야 하는지에 대한 이유야.

어휘 | ☆reason 이유　☆hard 열심히

구문 | ☆why I ought to work hard at the school은 관계부사 why가 이끄는 관계절로서 선행사 reason을 수식해.

　　　관계절에서 자세히 볼게.

7. had better (~하는 것이[편이] 좋다)

I had better do the homework /before I go /out.
S　　V　　　　　O　　　CONJ　S　V　　M

해석 | 나는 /하는 것이 좋겠다 /숙제를 /나가기 전에 /밖으로

　　　　| 외출하기 전에 나는 숙제를 하는 것이 좋겠다.

어휘 | ˚homework 숙제

8. must / have to

　must와 have to는 규정, 법규 등에 의해 구속될 때 등 반드시 ~해야 한다는 의미로 쓰일 수

있어.

She had to turn in a history essay on Thursday.
S　　V　　　　　O　　　　　M

해석 | 그녀는 /제출해야만 했어 /역사 에세이를 /목요일에

　　　　| 그녀는 목요일에 역사 에세이를 제출해야만 했어.

어휘 | ˚history 역사　˚essay 에세이　˚turn in 제출하다

don't have to는 must not의 의미가 아니라 ~할 필요가 없다(need not)라는 의미로 쓰임을 주의해야 해. have to 동사원형은 to부정사(toV) 할 것을 가지고 있다는 표현이라서 toV를 해야 한다라는 의미가 나오지만, don't have toV은 toV를 가지고 있지 않다는 표현이라서 toV 할 것을 가지고 있지 않다라는 의미에서 toV 할 필요가 없다라는 의미가 나오기 때문이야.

You don't have to come here.
S   V   M

해석 | 너는 /올 필요가 없다 /여기에

| 너는 여기에 올 필요가 없어.

9. need (~할 필요가 있다)

need는 일반 동사이지만 조동사로 쓰이기도 해. 보통 부정문에서 쓰이는 것과는 달리 의문문과 특히 긍정문에서는 잘 쓰이지 않아.

↓조동사로 쓰인 need　·need를 조동사로 쓸 때의 과거완료

Why **need** she have left before I arrived?

주절　　　　　　　　　종속절

해석 | 왜 그녀는 떠날 필요가 있었니 /내가 도착하기 전에

| 왜 그녀는 내가 도착하기 전에 떠날 필요가 있었니?

어휘 | *leave-left-left 떠나다　*arrive 도착하다

조동사 need는 과거형이나 과거분사가 없기 때문에 현재 이전의 시제를 표현할 때는 need+완료시제를 써. 종속절 동사가 과거형이므로 주절의 have left는 조동사 need 때문에 동사원형의 형태를 취한 had left로 보아야 해.

비교) = Why had she needed to leave before I arrived?

need를 본동사로 쓸 때 같은 의미의 문장

↓need를 조동사로 쓸 때의 현재완료   ↓종속절의 현재동사
We /needn't have come /here because McDonald deliver /pizza.
주절   종속절

해석 | 우리는 /올 필요가 없었다 /여기에 /왜냐하면 맥도날드는 배달하기 때문에 /피자를

| 우리는 여기 올 필요가 없었어, 왜냐하면 맥도날드는 피자를 배달하기에.

어휘 | ☆deliver 배달하다 ☆pizza 피자

We don't need to go. (need가 일반동사로 쓰인 예)
S   V   O

해석 | 우리는 /필요하지 않다 /가는 것을

| 우리는 갈 필요가 없어.

비교) = We need not go.

10. 조동사의 과거형+동사원형 (would, could, might, should+V)

조동사의 과거형은 조동사의 현재형을 대신해서 '현재의 공손한 표현 또는 불확정한 사실(가정법)'을 표현할 수 있지만, 조동사의 과거 의미를 표현할 때도 쓰이기도 해.

↓과거 의미
We could stay there with them, /so we stayed there.
S   V   M   M   CONJ S   V   M

해석 | 우리는 /머무를 수 있었어 /거기에 /그들과 함께 /그래서 우리는 거기에 머물렀어.

| 우리는 그들과 함께 거기에서 머무를 수 있어서 거기에 머물렀어.

어휘 | ☆stay 머물다

could는 can의 과거 의미를 나타내지만 등위절 so we stayed there이 아닌 종속절 if they were there과 함께 쓰인다면 가정법 과거로서 우리는 머무를 수 있었지만 그들이 거기에 없어서 머무르지 않는다는 의미가 돼.

비교) We can stay there with them if they are there. (조건문)

해석 | 만약 그들이 거기에 있다면, 우리는 그들과 함께 거기에 머무를 수 있어.

↓조동사의 과거(가능성) 의미

It **could be** expensive to keep a dog, but we kept a dog.

가주어　　V　　　　SC　　　　진주어　　　CONJ　S　　V　　O

해석 | 그것은 /있을 수 있었어 /비용이 드는 /개를 키우는 것은 /하지만 /우리는 /키웠어 /개를

| 개를 키우는 것은 비용이 들 수 있었어, 하지만 우리는 개를 키웠어.

어휘 | ☆expensive 비싼

description of the sample

등위절 but we kept a dog가 아닌 종속절 if we kept a dog와 함께 쓰이면 가정법 과거의 형태로 볼 수 있어.

↓현재의 가능성

비교) It **can be** expensive to keep a dog.

해석 | 개를 키우는 것은 비용이 들 수 있어.

11. 조동사의 과거형+완료형 (would, could, might, should+have Ved)

조동사의 과거형+완료형은 과거 의미로 해석돼. 우리나라 말에는 완료형이 없기 때문이지. 하지만 조동사의 과거형+완료형은 현재완료형이 즉, have동사의 현재형(have/has)이 조동사로 인해 동사원형(have)이 된 경우도 있고 과거완료형이 즉, had+과거분사가 조동사로 인해 have+과거분사로 된 경우도 있어.

Before the truth turned out, I /should have told /them /the truth.

종속절 / +had told의 의미 / 주절

해석 | (과거에) 진실이 드러나기 전에, 나는 /말해야 했어 /그들에게 /진실을

| 진실이 드러나기 전에 나는 그들에게 진실을 말해야 했어.

어휘 | ˚truth 사실, 진실 ˚turn out 드러나다

종속절의 동사가 과거라서 주절의 have told가 had told를 의미함을 추측할 수가 있어.

여기서 should have Ved는 과거에 대한 후회를 나타내지만 즉, 진실을 말해야 했는데 말하지 않았다는 의미로 쓰인 것이지만, 항상 그런 것은 아니고 말을 하는 상황에 따라서 의미가 다를 수도 있어. 예를 들어서 위 문장에 so I did란 종속절을 더하면 진실이 드러나기 전에 진실을 말해야 했고 그래서 나는 그렇게 했다는 의미가 되기에, 이때에는 should have told가 단순히 진실을 말했어야 했다는 의미만을 포함하게 돼. 이때 did는 told를 대신해서 쓰였다고 해서 대동사라고 불러.

Before the truth turned out, I should have told them the truth, so I did.

told 대신 쓰인 대동사 did↓

He **should have saved** some money for a rainy day.
S   V   O   M

해석	그는 /모아야만 했어 /약간의 돈을 /비상시를 위해서(그래서 돈을 모았어 or 하지만 그러질 못했어)
	그는 비상시를 대비해서 돈을 모아야만 했어.
어휘	☆a rainy day 비상시

She **could have saved** a fortune through stock investment. She is now rich.
S   V   O   M

해석	그녀는 /모을 수 있었다 /재산을 /주식투자를 통해서
	그녀는 주식 투자를 통해서 재산을 모을 수 있었다. (재산을 모았다는 의미)
어휘	☆fortune 재산 ☆stock 주식, 재고 ☆investment 투자

The first stamps **could have been used** much earlier.
S   V   M

해석	첫 번째 우표는 /사용될 수도 있었어 /더 일찍
	최초의 우표는 더 일찍 사용될 수 있었는데 그러질 못했다.
어휘	☆stamp 우표 ☆early 일찍

해석 | 하나님은 /말씀하셨을지도 모른다 /우리에게 /구하기 위해서 /우리를 /우리가 들어야 할 필요가 있는 무엇을 /그

가 요나에게 그러하셨듯이

| 하나님은 우리를 구하기 위해서 요나에게 그러하셨듯이 우리가 들어야 할 필요가 있는 것을 말씀하셨을지도 모른다.

해석 | 만약 아담이 죄를 짓지 않고 하나님을 의지하였다면 /그는 살았을지도 모른다 / 지금껏

| 만약 아담이 죄를 짓지 않고 하나님을 의지하였다면, 지금까지 그는 살았을지도 몰라.

If there is no one, /[there is no God] /because there is no one /[who can

perceive God] /even though he exists /outside of space; /otherwise, someone

understands /there is God /as God's being is proved /by someone's being.

해석 | 만약에 아무도 존재하지 않는다면, /신은 존재하지 않는다 /왜냐하면 아무도 없기 때문이다 /신을 인식할 수 있는

이가 /비록 그가 존재할지라도 /공간의 외부에; /그렇지 않으면(누군가 존재한다면) /누군가 이해할 것이다 /신이 있다

고 /신의 존재가 증명되는 것처럼 /그 누군가의 존재로

| 만약에 아무도 존재하지 않는다면, 신은 존재하지 않는다. 왜냐하면 신을 인식할 수 있는 이가 아무도 없기 때문

이다, 비록 그가 공간의 외부에 존재할지라도. 그렇지 않으면 신의 존재가 누군가의 존재에 의해서 증명되는 것처

럼 누군가 신이 있다고 이해할 것이다.

어휘 | ☆otherwise 그렇지 않으면

구문 | there(유도부사) 다음에는 동사+주어(is no one/is no God) 어순이 와. 접속부사는 앞 문장의 내용이 뒷 문장에

상관한다는 것을 나타내는 부사란 뜻이야. 여기서 otherwise는 신을 인식할 누군가 존재한다면이라는 말로 앞

문장을 받고 있어. 또한 ';'이 문장이 끝나지만 뒤에 그 내용이 이어진다는 표현으로 접속부사 otherwise와

상관하고 있어.

notion

수동태란 be동사+과거분사(Ved)가 ~되어지다, ~당하다라고 해석되는 경우를 말해. 이때 be
동사는 시제를, 과거분사는 뜻을 의미해.

sample of sentence

Bible was edited by God's will /as he want us to know /his Word.
　S　　V　　　　M　　　 CONJ+S+V　O　　　OC

해석　│　성경은 /편집되었다 /신의 의지로 /그가 원하는 것처럼 /우리가 /알기를 /그의 말씀을

　　　│　성경은 신의 의지로 편집되었어. 우리가 그의 말씀을 알기를 그가 원하는 것처럼.

어휘　│　⁎edit 편집하다

tip 목적어의 상대성이론

절대적으로는 목적어는 문장의 목적어이지만, 상대적으로는 목적어(us)는 목적격보어(to know
his Word)에 대하여 마치 주어처럼 쓰이기에, 목적어를 목적격보어에 대하여 주어처럼 해석(우리가
/알다 /그의 말씀을)하는 것이 자연스러워.

1. 능동태[동사(V)]와 수동태[be동사+과거분사(Ved)]의 비교

They saw the cat crossing the street. (능동태)
　S　V　　O　　　　OC

해석 │ 그들은 /보았다 /고양이를 /길을 건너는 (목적어인 고양이가 길을 건너는 것)

　　　│ 그들은 고양이가 길을 건너는 것을 보았다.

어휘 │ ☆cross 가로지르다

　　　　　　　　　　　↓접속사　↓주어　　↓동사　　　　↓주격보어
위 예문은 They saw that the cat was **crossing the street**.라는 문장에서 the cat을
　　　　　　　S　V　　　　　　O (that + S + V ~)
목적어로 놓으면서 the cat의 보어인 crossing the street이 목적격보어로 쓰인 문장이야. was
crossing을 진행형으로서 동사로 보지 않고 was를 동사로 crossing the street를 주격보어로
보았을 때의 문장구조 분석이야. the cat이 길을 건너는 것이므로 crossing the street는
주격보어로 볼 수 가 있는 것이지.

비교) The cat was seen crossing the street. (수동태)
　　　　S　　V　　　　SC

해석 │ 그 고양이는 /보여졌다(목격되었다) /길을 건너는 (주어인 고양이가 길을 건너는 것)

　　　│ 그 고양이가 길을 건너는 것이 목격되었다.

능동태의 예문(They saw the cat crossing the street.)에서 목적어인 the cat을 주어로 놓으면서 목
적격 보어인 crossing the street가 주격보어로 쓰인 문장이야.

2. 동사구의 수동태

명사구를 만드는 것이 명사이듯이, 동사구를 만드는 것은 동사야. 따라서 동사구의 수동태는 동사구를 만드는 그 동사만 수동태로 바꾸면 돼.

sample of sentence

↓동사구 (과거시제)
She laughed at him. (능동태)
S   V   O

해석 | 그녀는 /비웃었다 /그를

| 그녀는 그를 비웃었다.

어휘 | laugh at 비웃다

↓수동형식의 동사구
비교) He was laughed at by her. (수동태)
S   V   M

해석 | 그는 /비웃음을 당했다 /그녀에 의해서

| 그는 그녀에 의해서 비웃음을 당했다.

과거분사는 ~되어진이라는 의미를 갖고 있기 때문에 be동사와 결합해서 ~되어지다, ~당하다 라고 해석이 잘 돼.

3. 진행형의 수동태 (beV+being Ved)
진행　수동태

~되어지고 있는 중이다, ~되어지고 있다라는 의미야.

sample of sentence

He is repairing the TV. (능동태)
S   V   O

해석 | 그는 /수리 중이다 /TV를

| 그는 TV를 수리 중이다.

어휘 | ☆repair 수리하다

비교) The TV is being repaired by him. (수동태)
S   V   M

해석 | TV는 /수리되어지는 중이다 (~중이다+수리되어지는) /그에 의해서

| TV는 그에 의해서 수리가 되고 있다.

When Joseph was being tempted /by a woman, he wanted to keep /the woman.
CONJ   S   V   M   S   V   O

해석 | 요셉이 유혹당했을 때 /한 여자에 의해서 /그는 /원했어 /지켜주기를 /그 여자를

| 요셉이 한 여자로부터 유혹당했을 때, 그는 그 여자를 지켜주기를 원했어.

어휘 | ☆tempt 유혹하다 ☆keep 지키다, 유지하다

4. 완료 수동태 (haveV+been Ved)

완료　　수동태

어느 시점까지 ~되어지다라는 의미야.

sample of sentence

This information ^{↓현재완료}has been ^{↓수동}made available.
　　S　　　　　　　V　　　　SC

해석 | 이 정보는 /만들어져 왔다 /이용 가능한(하게)

| 이 정보는 이용 가능하게 만들어져 왔다.

어휘 | information 정보　available 이용 가능한

description of the sample

위 예는 주어 have made this information available.이라는 문장에서 목적어 this
　　　　　　S　　　V　　　　　O　　　　　　OC
information를 주어로 취하면서 목적격보어 available이 주격보어로 쓰인 문장이야.

수동 형식의 동사(수동태) 뒤에는 보어가 올 수 있어. 왜냐하면 되어지는 것은 목적어가 아니고
주어니까, 즉 동사의 대상이 주어라서 수동태 뒤에는 목적어가 오지 않기 때문이지.

sample of sentence

The Word /of God ^{↓현재완료}has been ^{↓진행}being ^{↓수동}fulfilled by his will.
　　S　　　　　　　　V　　　　　　　　　SC

해석 | 말씀은 /하나님의 /성취되어지고 있다 /그의 의지에 의해서

| 하나님의 말씀은 그의 의지에 의해서 지금까지 성취되었고 성취되고 있다.

어휘 | fulfill 성취하다

5. 조동사+수동태 (조동사+be Ved)

People (who rely on /Jesus) will be persecuted by people (who hate /Jesus).

해석 | 사람들 /의지하는 /예수님을 /핍박을 받을 것이다 /사람들에 의해서 /미워하는 /예수님을

| 예수님을 의지하는 사람들은 예수님을 미워하는 사람들에 의해서 핍박을 받을 것이다.

어휘 | ☆rely on 의지하다 ☆persecute 핍박하다 ☆hate 미워하다

We must be being loved by God, /for he never gives up on /his children.

해석 | 우리는 /사랑받고 있는 중임이 틀림없다 /신에 의해서 /그가 결코 포기하지 않기 때문에 /그의 자녀를

| 그가 결코 그의 자녀를 포기하지 않기 때문에, 우리는 신에 의해서 사랑받고 있음이 틀림없다.

6. 4형식 문장의 수동태

She gave me the book. (능동태)
S   V   IO   DO

해석 | 그녀는 주었다 /나에게 /그 책을

| 그녀는 나에게 그 책을 주었다.

비교) ↓me(IO) ↓gave(V) ↓this book(DO)
I was given the book. (수동태)
S   V   SC

해석 | 나에게 /주어졌다 /그 책이

| 그 책이 나에게 주어졌다.

해석 비교) 나는 /받았다 /그 책을

　능동태 문장의 간접목적어(me)를 주어(I)로 취하면 직접목적어(the book)는 그대로 목적어로서 해석(그 책을)될 수도 있지만, 주어로 쓰인 간접목적어(me)의 원래 의미를 살리면 동사의 대상인 직접목적어(the book)는 수동태 문장에서 주격보어로서 해석(그 책이)돼.

notion

　준동사에는 (to)부정사, 동명사, 분사가 있어. 이들은 동사에 준한다고 해서 준동사라 불러. 즉, 동사 앞에 주어가 오고 동사 뒤에 목적어나 보어가 위치하듯이 준동사 앞에는 준동사의 의미상의 주어가, 준동사 뒤에는 준동사의 목적어 또는 보어가 준동사와 한 의미단위로 연결이 되서 하나의 품사로 쓰일 수 있어. 동사처럼 준동사도 부사의 수식을 받을 수 있음은 물론이야.

의미상의 주어	부정사	to부정사(toV)	+목적어/보어
		원형부정사(V)	
	동명사(Ving)		
	분사	현재분사(Ving)	
		과거분사(Ved)	+보어

　be동사 뒤에는 be동사의 보어가 올 수 있듯이 부정사(to be)와 동명사(being) 그리고 분사(being) 뒤에는 보어가 올 수 있음은 물론이야.

notion

부정사는 명사, 형용사 또는 부사로 쓰여. 이렇게 품사가 정해져 있지 않다는 의미에서 부정사라 부르게 된 거지. to에 동사원형을 함께 써서 to부정사라고 해.

부정사는 to+동사원형 또는 동사원형(원형부정사)의 형태로 쓰여.

1. 명사로 쓰인 부정사

부정사는 명사로서 주어, 목적어, 보어로 쓰일 수 있어. (~것이라 해석돼.)

sample of sentence

To finish / homework is my first thing (after school).

끝마치다V　　숙제를O

해석 ┃ 끝마치는 것은 /숙제를 /이다 /나의 첫 번째 것 /방과 후의

┃ 숙제를 끝마치는 것은 방과 후의 나의 첫 번째 일이다.

description of the sample

To finish homework는 주어 자리에 쓰인 명사구이면서(품사), 주어이고(문장의 구성요소), to부정사구야(형태상).

↓가주어　　　　　　　　　　의미상의 주어↓　↓동사(진주어)　　↓to read의 목적어
It is important for **people** /to read /books.
S　V　　　　SC　　　　　　　　　M

사람들이 /　읽다　/책을

해석 | 그것은 /이다 /중요한 /사람들에게는 /읽는 (그)것은 /책을

| 사람들이 책을 읽는 것은 중요하다.

어휘 | ☆important 중요한

To read books is important for people에서 주어 To read books를 뒤로 보내고 빈 주어 자리에 가주어 it을 넣어서 가주어 it이 진주어를 가리키는 문장이야.

↓의미상의 주어　　　↓(준)동사　　　↓to cancel의 목적어
He decided to cancel /his trip.
S　　　V　　　　　　O
그는　　　　　　　취소한다 /그의 여행을

해석 | 그는 /결정했다 /취소하는 것을 /그의 여행을

| 그는 그의 여행을 취소하는 것을 결정했다.

어휘 | ☆cancel 취소하다　☆trip 여행

　　　　　　　　　　　　　의미상의 주어↓　　↓(준)동사　　↓to cancel의 목적어
비교) He decided that he /would cancel /his trip.
S　　　V　　　　　　　　　　O

해석 | 그는 결정했다 that 이하(그는 /취소한다 /그의 여행을)를

_{· 의미상의 주어}   _{↳(준)동사}   _{·to be의 보어} [I was the perfect fit for the project.]
I made it clear to be /the perfect fit /for the project.
S   V   O   OC   **진(짜) 목적어**
나는   이다 /완전한 꼭 맞음   /그 프로젝트에

해석 | 나는 /만들었다 /그것(가목적어)을 /분명히 /(나는)이다 /완전한 꼭 맞음 /그 프로젝트에

| 나는 내가 그 프로젝트에 완전히 적합하다는 것을 분명히 했어.

어휘 | ˚perfect 완전한 ˚project 프로젝트

be동사 뒤에는 보어가 올 수 있다고 했어. 마찬가지로 to be 다음에는 to be의 보어가 올 수 있어. 여기서 의미상의 주어 I가 완전히 적합하다고 보충해 주고 있으니 the perfect fit은 의미상의 주어에 대하여 의미상의 주격보어이지만, 의미상의 주어가 표현되지 않을 때도 있고 하니 to be의 보어라고 생각하면 돼.

_{↳(준)동사}   _{·to expand의 목적어}
Our aim is to expand /our business.
   S   V   SC

해석 | 우리의 목표는 /이다 /확장하는 것 /우리의 사업을

| 우리의 목표는 우리의 사업을 확장하는 것이다.

어휘 | ˚expand 확장하다 ˚business 사업

our business가 to expand의 목적어라서 함께 is의 보어로 쓰였어.

2. 형용사로 쓰인 부정사

부정사는 형용사로서 <u>보어로 쓰이거나 명사를 수식</u>할 수 있어.

↓의미상의 주어   ↓(준)동사
You are not to talk during the exam.
　S　　V　　　SC　　　　　M
너는　　　말하지 않는다 → 너는 말하지 않게 are(있다)

해석 | 너는 /이다 /말하지 않는 /시험 동안에

　　　 | 너는 시험을 보는 동안에 말해선 안 된다.

어휘 | ☆전치사 during ~하는 동안에　☆exam 시험

준동사의 부정은 준동사 앞에 not이나 never를 붙여. 따라서 위 예문에서 not to talk가 함께 주격보어로 쓰였어.

are 뒤쪽 주격보어 자리에 not to talk가 들어와 있어. 주격보어 자리에 명사가 들어오면 주어와 동격관계가 성립하고 형용사가 들어오면 주어를 설명하므로 위 문장에서 not to talk는 형용사로서 주격보어 자리에 들어 왔다고 보면 돼. 사실 보어로 쓰인 부정사가 명사인가, 형용사인가는 중요하지 않아. 보어로 쓰였다는 정도만 알면 돼.

What caused him to change / his mind?
S   V   O   OC

의미상의 주어   (준)동사   to change의 목적어 [he would change his mind]

해석 | 무엇이 /야기했니 /그를 /(그가) 바꾸도록 /그의 마음을

| 무엇이 그가 마음을 바꾸도록 야기했니?

어휘 | cause 야기하다, 원인이 되다   change 바꾸다, 변하다   mind 마음, 생각

description of the sample

He was to change his mind에서 주어인 He가 목적어인 him으로 주격보어인 to change
S   V   SC

his mind가 목적격보어로 쓰였다고 생각하면 목적격보어로 쓰인 부정사를 이해하기 쉬울 거야.

sample of sentence

의미상의 주어   의미상의 목적어   준동사 [She gives away many books]

She has many books (to give away).
S   V   O

해석 | 그녀는 /가지고 있다 /많은 책들을 /나누어 줄

| 그녀는 나누어 줄 많은 책들을 가지고 있다.

어휘 | give away 나누어 주다

description of the sample

to give away가 명사구 many books를 수식하고 있어. 부정사가 명사를 수식할 때는 받침
'ㄹ', 'ㄴ'으로 해석이 잘 돼.

부정사가 목적어 뒤에서 목적어로 쓰인 명사를 수식하는 경우는 목적어가 부정사의 의미상의
주어가 될 수 없는 경우야! 문장의 목적어가 부정사의 의미상의 주어가 되는 경우는 부정사를

목적어 수식이 아닌 목적격보어로 보기 때문에…. 하지만 목적어가 아닌 다른 요소로 쓰인 명사

는 부정사의 수식을 받더라도 의미상의 주어일 수 있어.

↓의미상의 주어　　　↓동사　↓to give의 간접목적어　　↓to give의 직접목적어

It is **a good book** (to give /you /information /about food).

S　V　　　　　　　　　　SC [A good book gives you information about food]

해석 | 그것은 /이다 /좋은 책 /줄 수 있는 /너에게 /정보를 /음식에 관해

| 그것은 음식에 관해 너에게 정보를 줄 수 있는 좋은 책이다.

어휘 | ☆information 정보

a good book이 to give you information about food의 수식을 받고 있는데, a good

book은 목적어가 아닌 주격보어로서 to give의 의미상의 주어로 쓰였어.

<u>의미상의 목적어</u>   ↓부정사(동사구) [stay in two inns]

There are two inns (to stay in).
　M　　V　　　　S

해석 | 거기에는 /있다 /2개의 숙박시설이 /안에서 머무를 수 있는

　　　| 거기에는 머무를 수 있는 2개의 숙박시설이 있다.

어휘 | 　there 거기에　 inn 여관, 숙박시설　 stay in 머무르다

description of the sample

there(유도부사) 다음에는 동사+주어 어순으로 도치가 돼.

숙박시설 안에서 지내는 것이기에 inns를 꾸며주기 위해서는 (숙박시설) 안에 머물다라는 to stay in으로 수식을 해줘야 해. 전치사는 명사 앞에 위치해서 명사와 함께 수식어를 구성하는 것이지만, 동사와도 그 관계가 깊어서 동사와 짝을 이루어 다닐 때도 많아.

3. 부사로 쓰인 부정사

notion

부정사가 부사로 쓰여서 문장 전체나 동사, 형용사 또는 부사를 수식하는 경우를 말해. 부정사가 문장 전체나 동사를 수식하는 경우는 문장의 구성요소로의 수식어로 볼 수 있어. 부정사가 부사로 쓰일 때는 그 의미가 다양하므로 획일적으로 해석 방법을 찾기보다는 문장 속 다른 어휘들과의 의미 관련성 내에서 적절히 의미를 이해하려는 마음가짐이 도움이 될 듯해.

sample of sentence

↓(준)동사 to study 의 **목적어**↓ 문장 전체 수식

(To study / **advertising**), [he went to New York]
　　M　　　　　　　　　　　　S　　V　　　M

해석 | 배우기 위해서 /광고를 /그는 /갔다 /뉴욕을 향하여

| 그는 광고를 배우려고 뉴욕에 갔다.

어휘 | ☆advertise 광고하다 ☆advertising 광고 ☆go-went-gone 가다

의미상의 주어　　　　　　　　　　↓동사　　　　↓목적어 [He studies advertising]

비교) He went to New York (in order) to study advertising. 1형식 문장
　　　S　　V　　　M　　　　　　　　M(동사수식)

해석 | 그는 /갔다 /뉴욕에 /(그가) 공부하기 위해서 /광고를

in order to와 so as to는 ~하기 위해서라는 의미야.

sample of sentence

↓의미상의 주어　↓동사　↓to be 의 보어 [I am a lawyer]

I grew up to be a lawyer.
S　　V　　M(동사수식)

해석 | 나는 /(성장했고) /이다 한 법률가

| 나는 법률가로 성장했다.

어휘 | ☆grow-grew-grown 성장하다 ☆lawyer 법률가

접속사 생략↓　　　↓생략(주어가 같아서)

비교) I grew up and I am a lawyer.　I grew up and I am a lawyer.
　　　　　　　　　　　　　　　　　　　　　　　　└ to be로 바꿈

의미상 주어 ↓동사 목적어 [I hear that]
I am sorry / (to hear / that).
S   V   SC   (형용사 sorry 수식)

해석 | 나는 /이다 /유감인 /(내가) 들으니 /그것을

| 내가 그것을 듣고 보니 유감이다.

의미상의 주어 ↓동사 수식어 [He talked with us]
He was too busy [to talk (with us)].
S   V   SC   [형용사 busy 수식]

해석 | 그는 /이었다 /너무 바쁜 /(그가) 대화하기에는 /우리와 함께

| 그는 우리와 대화하기에는 너무 바빴어.

description of the sample

He (to) talk with us에서 우리와 함께한 그가 다른 누군가와 이야기하는 것(He with us talk)이 아니라, 그가 우리와 함께 이야기하는 것이므로 전치사구 with us는 주어 He를 수식하는 게 아니라 (to)talk를 수식한다고 볼 수 있는데, 따라서 (to) talk가 준동사로서 동사처럼 부사 with us 의 수식을 받는 예라고 볼 수 있어.

↓의미상의 주어　　　　　　　↓동사　　↓목적어　　　　　　　　　　　　　　　　[부정사구]↓
Andy was lucky /enough [to get /**a good deal** (on a new smart phone)]!
　S　　V　　SC　　　　　　　M(Andy /got /a good deal /on a new smart phone)
　　　　　　　　　　　　Andy는 /얻었다 /좋은 거래를 /새 스마트폰에 대한

해석 │ Andy는 /있었다 /행운의 /충분히 /얻기에 /좋은 거래를 /새로운 스마트폰에 대하여

　　　│ Andy는 새로운 스마트폰을 좋은 가격으로 얻는 데 충분히 행운이 있었다.

어휘 │ ☆lucky 행운의　☆enough 충분한　☆deal 거래

↓주어(주어지는 대상)　　　　↓to부정사　　　↓to부정사의 보어　　　　　　　　　　　　[부정사구]↓
She was so happy [to be given /this opportunity {to address (at the opening ceremony)}].
　S　　V　　SC　　　M [She was given this opportunity to address at the opening ceremony]

해석 │ 그녀는 /이었다 /너무 행복한 /주어져서 (그녀에게) /이런 기회가 /연설할 /개막식에서

　　　│ 그녀는 개막식에서 연설할 기회가 (그녀에게) 주어져서 너무 행복했다.

어휘 │ ☆opportunity 기회　☆address 연설하다　☆opening ceremony 개막식

해석 비교) She was given this opportunity. 그녀는 /받았다 /이 기회를
　　　　　　　S　　　V　　　　　　O

　　주어 gave her this opportunity에서 간접목적어인 her를 주어로 보내면서 수동태가 된 문
장에서 수동태를 받았다라고 해석할 경우, 직접목적어인 this opportunity가 동사의 대상이 되
면서 벌어지는 현상이야!

4. 의문사 +to부정사 (~지)

의문사는 to부정사와 함께 쓰여서 하나의 명사 역할을 할 수 있어.

what toV	how toV	when toV	where toV	which 명사 toV
무엇을 ~할지	어떻게 ~할지	언제 ~할지	어디서 ~할지	어느 ~을 ~할지

She knows when to talk, and when to listen.

해석 | 그녀는 /알고 있다 /언제 말할지, 그리고 언제 들을지를

| 그녀는 언제 말할지, 그리고 언제 들을지를 알고 있다.

이때 의문사는 명사로 쓰여. 즉 to부정사가 형용사로서 명사로 쓰인 의문사를 꾸며주게 되는 것이지. 따라서 when (to talk)는 말할 때(언제)라고 해석할 수 있어.

이에 따라 She knows when to talk는 그녀는 말할 때를 알고 있다라고 의미를 받아들일 수 있어. 의문사+to부정사를 의문사절로 고치면 She knows when she should talk가 돼.

God sometimes tell us what to tell to save /us.
[what God should tell]

해석 | 신은 /가끔은 /말한다 /우리에게 /무엇을 말할지를 /구하기 위해서 /우리를

| 신은 어떤 때는 우리를 구하기 위해서, 우리에게 말해야 할 무언가를 말한다.

어휘 | sometimes 가끔 tell 말하다 save 구하다

5. 원형부정사

to 없이 동사의 원형(동사원형)이 명사, 형용사 또는 부사 역할을 할 때 그 동사의 원형을 원형부정사라고 해. 원형부정사는 지각동사(감각으로 아는 동사, 예: feel 피부로 느끼다 see 눈으로 보다 hear 귀로 듣다)와 사역동사(let, make, have)가 동사 또는 준동사로 쓰인 경우에 그 동사 또는 준동사의 목적어 뒤에서 목적격보어로 쓰일 수 있어.

sample of sentence

      ↓지각동사   ↓의미상의 주어   ↓원형부정사(준동사) ↓수식어

Officers watched pedestrians not walk /on the sidewalk /but the roadway.
   S   V   O   OC(원형부정사구)

[Pedestrians do not walk on the sidewalk but on the roadway]

해석 | 경찰관들은 /보았다 /보행자들을 /걷지 않는 /인도 위로 /그러나 (걷는) 차도로

| 경찰관들은 인도가 아닌 차도로 걷는 보행자들을 보았다.

어휘 | ☆officer 경찰관 ☆watch 보다 ☆pedestrian 보행자 ☆walk 걷다 ☆sidewalk 인도 ☆roadway 차도

sample of sentence

↓지각동사   ↓의미상의 주어 ↓준동사(Ving)   ↓수식어 [saw Jesus walked on water]

To see /Jesus /walking /on water, his disciples realized Jesus /is /supernatural.
  M[동사 /목적어 /목적격보어 /수식어]   S   V   O

해석 | 보면서 /예수님이 /걷는 것을 /물 위를 /그의 제자들은 /깨달았다 /예수님은 /이다 /초자연적인

| 예수님이 물 위를 걷는 것을 보면서, 그의 제자들은 예수님이 초자연적이라는 것을 깨달았다.

어휘 | ☆disciple 제자 ☆realize 깨닫다 ☆supernatural 초자연적인

지각동사로 만들어진 부정사 To see의 목적격보어 자리에 현재분사 walking이 쓰였어.

지각동사의 목적격보어 자리에는 사역동사의 목적격보어 자리와는 달리 원형부정사 외에 현재분사(Ving)도 쓰여. on water는 walking을 수식해. 물 위를 예수님이 아니라 물 위를 걷다이기 때문이지.

sample of sentence

God said, "Let there be light", and there was light.
=let light be(허락하다 /빛이 /존재하도록)

해석 │ 하나님은 /말씀하셨다 /'빛이 있으라' /그리고 /거기에 /있었다 /빛이

│ 하나님이 '빛이 있으라' 하시니 빛이 있었다.

어휘 │ ☆say-said-said 말하다 ☆let 허락하다, 내버려두다, 시키다 ☆light 빛

description of the sample

유도부사 there 뒤에 동사+주어로 도치가 되듯이 there 뒤에서 let의 목적어 light와 목적격보어 be가 도치되었어. 목적격보어 자리에 준동사가 올 경우에는 목적어는 목적격보어를 상대로 주어처럼, 목적격보어는 목적어를 상대로 동사처럼 쓰이기 때문이야. 즉 절대적으로는 문장에서 목적어로 쓰인 명사가 목적격보어와의 관계에서는 상대적으로 주어처럼 쓰이는 것이야.

6. 부정사의 시제와 수동태

부정사는 동사처럼 시제를 가질 수 있고 수동태로 쓰일 수도 있어.

↓의미상의 주어 　　　　　　　　　　↓동사 　　　　　　　　　　　↓목적어 　　↓수식어
This vampires were assumed to have been wandering /**the world** /for millennia.
　　　S 　　　　　V 　　　　　　　　　　　　　　　　　SC

[This vampires had been wandering the world for millennia]

해석 | 이 흡혈귀들은 /추정되었다 /(과거 이전부터 과거까지) 방황해 왔고 방황 중이었던 것으로 /세상을 /수천 년 동안

| 이 흡혈귀들은 수천 년 동안 세상을 방황했었던 것으로 추정되었다.

어휘 | ☆vampire 흡혈귀 ☆assume 추정하다 ☆wander 방황하다 ☆millennia 수천 년

the world는 부정사 to have been wandering의 목적어이고 for millennia는 부정사 to have been wandering을 수식하고 있기 때문에 to have been wandering the world for millennia까지 주격보어로 볼 수 있어.

문장의 동사 was assumed가 과거이기에 부정사는 과거완료진행형의 의미 had been wandering을 갖고 있음을 알 수 있어. 만약에 is assumed였다면 부정사는 현재완료진행형의 의미 have been wandering을 갖고 있을 거야.

She claims to have been told /that they wanted /to kill /him.
S   V   O

[She has been told that they wanted to kill him]

해석 | 그녀는 /주장한다 /(누군가 그녀에게) 말하여진 것을 /그들이 원했다는 것을 /죽이기를 /그를

| 그녀는 그녀에게 말하여진, 즉 그녀가 들은 '그들이 그를 죽이기를 원했다'는 것을 주장한다.

어휘 | claim 주장하다   tell-told-told 말하다   kill 죽이다

7. 대부정사

notion

to부정사에서 반복을 피하기 위해 to만 남기고 동사원형 이하 부분을 생략한 경우를 대부정사라고 해.

sample of sentence

He wants to buy /a car, but he doesn't have money (to buy a car).
S   V   O   CONJ S   V   O

해석 | 그는 /원한다 /사기를 /한 차를 /그러나 /그는 /가지고 있지 않다 /돈을 (차를 살)

| 그는 차를 사기를 원해, 그러나 그는 차를 살 돈을 가지고 있지 않아.

description of the sample

문장 마지막에 있는 to 다음에 buy a car가 생략된 채로 to만 남아서, 차를 살 수 있는이란 의미로 money를 수식하고 있어.

notion

동사원형에 ing를 붙여서 명사로 쓰이는 것을 동명사라고 해. 동명사는 부정사의 명사로 쓰이는 것과 달리 전치사의 목적어로 쓰이기도 해. (~것이라고 잘 해석돼.)

1. 동명사의 쓰임

sample of sentence

↓동명사   ↓walking의 목적어   ↓수식어
My new hobby is walking / dogs / every weekend.
S   V   SC

해석 │ 나의 새로운 취미는 /이다 /걷게 하는 것 /개들을 /주말마다

│ 나의 새로운 취미는 주말마다 개들을 산책시키는 거야.

어휘 │ ☆hobby 취미 ☆walk 걷게 하다 ☆weekend 주말

description of the sample

취미(My new hobby)는 개들을 산책시킬 수 없으니 취미는 개들을 산책시키고 있다라고 해석될 수가 없어. 즉, is walking은 진행형이 아니라는 것이지. 하지만 취미는 개들을 산책시키는 것 [My new hobby=walking dogs every weekend]이라서 동명사구 walking dogs every weekend가 동사 is 뒤에서 주격보어로서 명사구로 쓰였다고 보아야 해.

동명사 또는 명사로 쓰인 부정사가 보어로 쓰일 때는 주어 또는 목적어와 보어가 동격 관계를 이루기 때문에, 이때 주어는 동명사 또는 부정사의 의미상의 주어가 될 수 없어.

비교) He is walking dogs.

해석 | 그는 /걷게 하고 있다 /개들을

| 그는 개들을 산책시키고 있다.

위 비교 예문에서 He is walking dogs.로 walking을 주격보어로 보면 He는 현재분사의 의미상의 주어로 볼 수 있어.

He has made all the money (for the book) by [selling hot dogs].

[He sold hot dogs.]

해석 | 그는 /벌었다 /모든 돈을 /책을 (사기) 위한 /(그가) 팔아서 핫도그를

| 그는 핫도그를 팔아서 책을 사기 위한 모든 돈을 벌었다.

여기서 주어 He가 핫도그를 파는 것이기 때문에 He는 selling hot dogs의 의미상의 주어로 볼 수 있지만, 동명사 앞에 소유격(예: his selling)을 써서 의미상의 주어라고 설명하는 것이 보통이야.

all the money는 for the book의 수식을 받고 있는데, money 앞에 정관사 the가 붙어 있는 이유는 for the book의 수식을 받아서 all the money가 그 책을 사기 위한 그 모든 돈이기 때문이야.

↓전치사　　부사(수식어)↓　　　　　↓동명사[against의 목적어인 동명사구]
We should speak out **against** [socially excluding /**friends**].
S　　　V　　　　　　　　　　　　　　　　M(전치사구)

해석 | 우리는 /터놓고 말해야 한다 /사회적으로 배제하는 것에 대항하여 /친구를

　　 | 우리는 사회적으로 친구를 배제하는 것에 대항해서 목소리를 높여야 한다.

어휘 | ☆speak out 크게 말하다, 터놓고 말하다　☆socially 사회적으로　☆exclude 배제하다

　부사 socially가 동명사 excluding 앞에서 동명사 excluding을 수식하고 있어. 준동사는 동사처럼 부사의 수식을 받을 수 있기 때문이야.

　friends는 동명사 excluding의 목적어야. against socially excluding friends는 전치사구로 볼 수 있어. 동명사구 socially excluding friends가 전치사 against의 목적어로 쓰였기 때문이야.

　　　　　　　　　　↓의미상의 주어　↓부사 clearly의 수식을 받는 부정사 to say
비교) It is time (for you) to clearly say /that.
　　　S　V　　　　　　SC

해석 | 그것은 /이다 /시간 /네가 /분명히 말해야 할(시간) /그것을

　　 | 그것을 네가 분명히 말해야 할 시간이야.

어휘 | ☆clearly 분명히, 맑게

　부사 clearly가 to부정사인 to와 say 사이에서 to부정사를 수식하고 있어.

비교) to think를 수식하는 부사 clearly
I wanted to think /clearly, /but my ability was decreased.
S　　　 V　　　 O　　　　　　　 CONJ　 S　　　　 V

해석 | 나는 /원했다 /생각하기를 /맑게 /그러나 나의 능력은 감소되어 있었다.

　　 | 나는 맑게 생각하기를 원했지만 나의 능력은 감소되어 있었다.

어휘 | ability 능력　decrease 감소하다

　부사는 to와 동사원형 사이에서 to부정사를 수식할 수도 있지만, to부정사 뒤에서 to부정사를 수식할 수도 있어.

2. 동명사의 시제와 수동태

notion

　동명사는 동사처럼 시제를 가질 수 있고 수동태로 쓰일 수도 있어.

sample of sentence

전치사↓　동명사(be made의 명사형) [동명사구]
The tool has been identified as [being made /in 1741].
S　　　　 V　　　　　　　　　　　　　　 M
[The tool was made in 1741.]

해석 | 그 도구는 /확인되어졌다 /만들어진 것으로 /1741년에

　　 | 그 도구는 1741년에 만들어진 것으로 확인되었다.

어휘 | tool 도구　identify 확인하다

3. 동명사의 의미상의 주어

동명사의 의미상의 주어를 표시할 때는 동명사 앞에 소유격 또는 목적격으로 의미상의 주어를 쓸 수 있어.

의미상의 주어↓　↓동명사　　　　[he comes here]

She does not like **his** coming / here.
S　　　V　　　　　　　O

해석 ｜ 그녀는 /좋아하지 않는다 /그의 오는 것을 /여기에

　　 ｜ 그녀는 그가 여기 오는 것을 좋아하지 않는다.

동명사의 의미상의 주어로(소유격이 아닌) 목적격이 오는 경우(밑에)

의미상의 주어↓　↓동명사

비교) She does not like **him** coming / here.
　　　S　　　V　　　　　　O

'오고 있는 그'를 좋아하지 않는 것이 아니라, '그가 오는 것'을 좋아하지 않는 것이므로 coming은 him을 수식하는 현재분사로 볼 수 없어. 따라서 coming은 현재분사가 아니라 동명사가 돼. him을 동사의 목적어로, coming을 목적어를 수식하는 현재분사로 보는 것이 아니라, coming을 동명사로, him을 동명사 coming의 의미상의 주어로 그렇게 him coming here를 함께 동사의 목적어로 보는 것이지.

그러나 him을 동사의 목적어로 보고 coming을 목적격보어로 보게 되면 coming은 목적격보어로 쓰인 현재분사처럼 느껴져. 이런 점에 대한 동명사와 현재분사의 구별은 다른 책에서도 볼 수 없으니 여기까지만 소개할게. 여기서 중요한 것은 coming이 동명사인지 현재분사인지가 아니라, '오고 있는 그'를 좋아하지 않는 것이 아닌 '그가 오는 것'을 좋아하지 않는다는 의미를 느끼는 것이 중요해.

It's rather thick on [me having to do /all her work].
S + V   SC   M [I have to do all her work]

해석 | 이것은 ~이다 /다소 더 두꺼운(너무한) /나에게 (내가) 해야 하는 것은 /모든 그녀의 일을

| 그녀가 해야 할 모든 일을 내가 해야 하다니 이건 너무하다.

어휘 | ·rather 다소 더, 차라리 ·thick 두꺼운

전치사의 목적어로 동명사가 오는 경우에, 동명사 앞의 목적격을 목적격으로 쓰인 동명사의 의미상의 주어로 보는 견해가 많아. 즉, 동명사의 의미상의 주어와 동명사가 함께 전치사의 목적어로 쓰였다고 보는 것이지.

| 독해 연습 |

God is not God anymore without us /as if God is dead /to us /because (/when we
S   V   SC   M   M   S   V   SC   M

perceive /and acknowledge /him /our God,) /he /could be perceived and
O   OC   S   V

acknowledged /as God /in relationship /with us.
M   M   M

해석 | 하나님은 /아니다 /하나님이 /더 이상 /우리 없이는 /마치 하나님이 죽었듯이 /우리에게 /왜냐하면 우리가 인식할

때 /그리고 인정할 때 /그를 /우리의 하나님으로 /그는 /인식되어지고 인정될 수 있기 때문이다 /신으로 /관계 안

에서 /우리와 함께하는

하나님은 우리 없이는 더 이상 하나님이 아니다, (우리에게 있어서는) 마치 하나님이 죽었듯이. 왜냐하면 우리가 그

를 우리의 하나님으로 인식하고 인정할 때, 그는 우리와 함께하는 관계 안에서 신으로 인식될 수 있고 인정될 수

있기 때문이다.

어휘 | ☆접속사 as if 마치 ~인 것처럼 ☆dead 죽은 ☆acknowledge 인정하다 ☆relationship 관계

구문 | 등위접속사 and, but, or은 절(s + v ~)과 절뿐만 아니라, v와 v 등 병렬구조를 이룰 수 있어. 위 perceived와

acknowledged가 병렬구조를 이루면서 각각 could be와 함께 수동태로 동사 자리에 위치하고 있어.

4. 부정사와 동명사 중 동명사만을 목적어로 취하는 동사

notion

try와 stop은 부정사를 목적어로 갖지 않기 때문에 이들 동사 뒤에 부정사가 오면 그 부정사

는 부사로 해석될 수 있어. 이와 달리 동명사가 오면 그 동명사는 try와 stop의 목적어로 볼 수

있어.

try Ving: ~것을 시도하다, (시험 삼아) 한번 해보다

try toV: ~하기 위해 시도하다, ~하려고 노력하다

stop Ving: ~것을 멈추다

stop toV: ~하기 위해서 멈추다

to try의 의미상의 주어.　↓동명사(to try의 목적어)

My father gave me the courage (to try /studying /law).
S　　　V　　IO　　DO [I tried studying law]

해석 | 나의 아버지는 /주었다 /나에게 /용기를 /(내가) 시도할 /공부하는 것을 /법을

| 나의 아버지는 내가 법을 공부하는 것을 시도할 수 있는 용기를 나에게 주었어.

어휘 | courage 용기　law 법

↓동사 tries를 수식하는 부정사 to quit　　　·대부정사 to (quit smoking)

He tries (to quit) /smoking /every year, only to fail to.
S　　V　　　　　　　M　　　　　　　　　　　M

try [He quit smoking every year]

해석 | 그는 /시도한다 /끊으려고 /흡연을 /매년 /오직 실패하기 위해서 (끊는 것을 흡연을)

| 그는 매년 금연을 시도하지만, 결국 금연에 실패할 따름이다.

어휘 | smoke 흡연하다, 연기를 내다　fail 실패하다

He stopped smoking. 그는 금연했다.

He stopped to take a break. 그는 휴식을 취하기 위해서 멈췄다.

5. 동명사와 부정사를 목적어로 취할 때 의미가 달라지는 동사

remember와 forget의 목적어로 쓰인 동명사는 이미 일어난 일을, to부정사는 앞으로 일어날 일을 표현해.

forget Ving: (과거에 이미) ~한 것을 잊다

forget toV: (미래에) ~할 것을 잊다

remember Ving: (과거에 이미) ~한 것을 기억하다

remember toV: (미래에) ~할 것을 기억하다

regret Ving: (과거에 이미) ~한 것을 후회하다

regret toV: (to부정사 하는 것을) 유감으로 여기다

Don't forget seeing /me (in hell)! Rely on Jesus!

해석 | 잊지 말아라 /본 것을 /나를 /지옥에 있는! 의지해라 /예수님을

| 지옥에 있는 나를 본 것을 잊지 말아라! 예수님을 의지해라!

어휘 | ☆hell 지옥　☆rely on 의지하다

They forgot to send /Christmas cards /to her.

해석 | 그들은 /깜박했다 /보내는 것을 /크리스마스 카드를 /그녀에게

| 그들은 그녀에게 크리스마스 카드를 보내는 것을 깜박했다.

 분사

notion

　　동명사가 명사로 쓰이고 부사의 역할을 부정사가 해줄 수 있듯이, 형용사로 쓰여 명사를 꾸며 주거나 보어로 쓰이는 것에는 분사가 있어.

　　분사는 현재분사(Ving)와 과거분사(Ved)로 나누어져, 현재분사는 능동·진행(~하는)의 의미로 쓰이고 과거분사는 수동·완료(~되어지는, ~당하는)의 의미로 쓰여.

1. 현재분사

1) 명사를 수식

sample of sentence

Zombies attacked people to turn /everyone else /into the walking dead.
　　S　　　V　　　O　　　　　　　　　　　　　M

해석 ｜ 좀비들은 /공격했다 /사람들을 /변하게 하려고 /그 밖의 모든 이들을 /그 걸어 다니는 시체로

　　　　｜ 좀비들은 그 밖의 모든 사람들을 걸어 다니는 시체로 바꾸기 위해서, 사람들을 공격했다.

어휘 ｜ zombie 좀비　turn 바꾸다, 돌리다　else 그 밖의　dead 시체

description of the sample

　　형용사로 쓰인 현재분사 walking이 관사 the와 명사 dead 사이에서 명사 dead를 꾸며주면서 the walking dead가 명사구로서 전치사 into의 목적어로 쓰이고 있어.

↓명사　　　　　　　　　[현재분사구(형용사구)]
A valley [running /through the area] has been named after him.
　　　S(명사구)　　　　　　　　　　　　　　　　　　　V　　　　　M

[A valley runs through the area]

해석 | 하나의 계곡 /흐르고 있는 /그 지역을 통과하여 /불리었다 /그(의 이름) 후에

　　　| 그 지역을 통과하여 흐르고 있는 하나의 계곡은 그의 이름을 따서 이름 지어졌어.

어휘 | ☆valley 계곡　☆area 지역　☆name 부르다, 이름

　명사구(A valley running through the area) 안에서 현재부사가 이끄는 형용사구 (running through the area)가 동사의 수일치를 결정하는 명사 A valley를 수식하여 함께 명사구로서 주어로 쓰이고 있어. 현재분사가 아닌 현재분사구는 명사 뒤에서 명사를 꾸며줘.

| 독해 연습 |

↓to see의 의미상의 주어　　　　　　　　　　　↓준동사　　　　　　[관계절]
Zacchaeus ran ahead more quickly to see /Jesus [who would sacrifice /himself
　　S　　　V　　M　　　　M　　　　　　　M　　　　　　　S　　　　　V　　　　　O

　　　　　　　　　　[관계절 내에서의 종속절]
/to a cross /to save /us /{as he loves us /no matter if he tastes death}].
　　M　　　　　M　　　　CONJ + S + V + O　　　　　　　M

해석 | 삭개오는 /뛰었다 /앞으로 /더 빨리 /보기 위해서 /예수님을 /희생하려 하는 누구인 /자신을 /십자가에 /구하기 위

　　　해서 /우리를 /그가 우리를 사랑하는 것처럼 /그가 죽음을 맛보는 것을 문제 삼음이 없이

　　　| 삭개오는 우리를 구하기 위해서 십자가에 자신을 희생하려는 예수님을 보기 위해서 더 빨리 앞으로 뛰었다, 그가

　　　죽음을 맛보는 것을 문제 됨이 없이 우리를 사랑하는 것처럼.

어휘 | ☆ahead 앞으로　☆quickly 빨리　☆sacrifice 희생하다　☆cross 십자가　☆save 구하다

　　　☆no matter ~을 문제 삼음 없이　☆taste 맛　☆death 죽음

2) 보어로 쓰임

↓현재분사

She was going to fly /to NY.
  S   V   SC   M

해석 | 그녀는 /있었다 /가고 있는(마음으로) /(비행기를 타고)날아가기 위해서 /뉴욕을 향해서

| 그녀는 뉴욕을 향해 갈 예정이었어.

was going은 진행형으로서 하나의 동사로 볼 수도 있고, be going to를 ~할 예정이다라는
조동사로 볼 수도 있어. 어떻게 문장구조를 구성해서 보든지 내용은 같아.

의미상 주어↓ ↓준동사   ↓목적어   ↓수식어 ↓[현재부사구(형용사구)]

I saw **my son** [reading **a book** at a desk].
S V   O   OC

         [my son read a book at a desk.]

해석 | 나는 /보았다 /나의 아들을 /읽고 있는 /책을 /책상에서

| 나는 책상에서 책을 읽고 있는 나의 아들을 보았다.

어휘 | see-saw-seen 보다   read-read-read 읽다   desk 책상

비교) I saw that my son was reading a book.
         S   V   O

3) 현재분사와 동명사의 구별

동명사는 명사로 쓰여서 문장의 요소나 전치사의 목적어로 쓰이지만, 현재분사는 명사 옆에서 명사 수식으로 쓰이기에 그 위치상 구별이 가능해. 하지만 보어 자리에 동명사와 현재분사가 둘 다 쓰이기에 이때는 주어나 목적어와의 관계에서 구별해야 해.

보어로 쓰인 동명사는 주어나 목적어와 동격 관계를 이루지만, 현재분사는 주어나 목적어를 설명하게 돼.

He thought his work attracting /funds.

S　V　　O　　　OC

his work = attracting funds

해석 | 그는 /생각했다 /그의 일을 /유치하는 것으로 /기금을

| 그는 그의 일을 기금을 유치하는 것으로 생각했다.

어휘 | ☆attract 끌다, 유치하다 ☆fund 자금, 기금

목적격보어 attracting funds는 목적어 his work와 동격(equal) 관계인 것을 알 수 있어. 그의 일이 곧 자금을 유치하는 것이기 때문이지. 이렇게 보어 자리에 동명사 즉, 명사가 왔을 때 주격보어는 주어, 목적격보어는 목적어와 동격 관계를 이루게 돼.

비교) His work was attracting funds.

S　　V　　SC

They saw her crossing /the street.
S V O OC

her ≠ crossing the street [She crossed the street]

해석 | 그들은 /보았다 /그녀를 /가로지르는 /길을

| 그들은 길을 건너는 그녀를 보았어.

어휘 | cross 가로지르다, 건너다

notion

목적어 her와 목적격보어 crossing the street는 동격 관계가 아님을 알 수 있어.

현재분사는 주어나 목적어 자리에 쓰인 명사와 동격 관계를 이루는 것이 아니라 보어로 쓰인 형용사처럼 주어나 목적어를 설명해주기 때문이야. 따라서 Ving가 보어 자리에서 주어나 목적어와 동격이 아닌 설명 관계에 놓이게 되면 현재분사임을 알 수 있어.

비교) She was crossing the street.
S V SC

ING form(Ving)이 동명사이냐, 현재분사이냐를 굳이 밝힐 필요가 없을 때도 있어.

ING form이 준동사로서 동사의 성질을 가지고 의미를 전달하고 있다는 문장 구조 분석에 의미가 있는 것이니까.

2. 과거분사

1) 명사를 수식

sample of sentence

The frightened girl was crying at the funeral.

해석 | 그 놀라게 된 소녀는 /울고 있었다 /장례식에서

| 그 놀란 소녀는 장례식에서 울고 있었어.

어휘 | ☆frighten 놀라게 하다, 겁주다 ☆cry 울다 ☆funeral 장례식

sample of sentence

The boy didn't know much about her (named /sad angel).

[She was named sad angel]

해석 | 그 소년은 /알지는 않았다 /많이는 /그녀에 대해서 /불려지는 /슬픈 천사로

| 그 소년은 슬픈 천사라 불리는 그녀에 대해서 많이 잘 알지는 못했다.

어휘 | ☆name 부르다, 이름 ☆sad 슬픈 ☆angel 천사

description of the sample

불려지는 그녀이기 때문에 그녀 her는 named의 수식을 받고 있어. 과거분사 뒤에는 과거분사의 수동적 의미 때문에 목적어가 올 수는 없지만, 과거분사(준동사)의 대상을 보충하는 보어가 올 수 있어.

2) 보어로 쓰임

I need to get my computer repaired.
S   V   O   OC
[my computer is repaired]

해석 | 나는 /얻을 필요가 있다 /나의 컴퓨터를 /수리되어진

| 나는 나의 컴퓨터를 수리되어지게 할 필요가 있다.

어휘 | ☆get 얻다 ☆repair 수리하다, 고치다

my computer는 to get의 목적어이기 때문에 need to를 미래를 표현하는 be going to처럼 다른 품사동사와 함께 구동사로 생각하고, my computer를 need to get의 목적어로 보아도 문장을 이해하는 데는 문제가 없어.

need to get을 동사로, my computer를 목적어로 보아야 한다는 것이 아니라, 예를 들어 현재진행형 I am coming에서 am coming을 동사로 보든지 아니면 am을 동사로, coming을 주격보어로 보든지는 문장에 따라 자신의 이해 단위로 생각하면 된다는 뜻이야. I am coming. 나는 이다(있다) 오고 있는

unit 1　종속접속사와 종속절

notion

접속사란 절과 절을 이어주는 품사를 말해. 전치사가 명사 이하(명사구)를 이끌어 주어를 수식

하는 등 기본 문장에 종속되듯이 접속사가 주어와 동사 이하를 이끌어 기본 문장(주절)에 종속되

게 할 수 있는데, 이때의 접속사+주어+동사~를 종속절이라고 하고, 주어와 동사 이하를 이끌어

주절에 종속되게 하는 이 접속사를 종속접속사라고 해.

1. 부사절 접속사

notion

종속접속사가 주어와 동사 이하를 이끌어 (기)본문장에 종속되면서 부사로 쓰이는 것을 말해.

이때 종속접속사에 의해서 종속절과 연결되는 절을 주절이라고 해.

sample of sentence

↓종속접속사　↓주어　　↓동사　　[종속절(형식상), 부사절(품사상: 기본 문장인 주절 수식)]　↓주절

[When Jesus came back], he again found his disciples sleeping.
　 M　　　　　　　　　　　S　 M　　V　　　　O　　　　　OC – 5형식문장 –

해석 ｜ 예수님이 돌아오셨을 때, 그는 /다시 /발견했다 /그의 제자들을 /자고 있는

｜ 예수님이 돌아오셨을 때, 그는 그의 제자들이 자고 있는 것을 또 다시 발견했다.

어휘 ｜ ☆접속사 when ~할 때　☆come-came-come 오다　☆again 다시, 또　☆find-found-found 발견하다　☆disciple 제자

[Jesus is God as he is God's only own Son], so that what belongs to God belongs to him, too.

해석 | 예수님은 하나님이다 /그가 하나님의 유일한 아들이듯이 /그래서 하나님께 속한 것은 또한 그에게 속한다

비교) [So as to protect /my privacy], I shut the window.
　　　　　　　M　　　　　　　　　　　　　S　V　O

해석 | 보호하기 위해서 /나의 사생활을 /나는 /닫았다 /창문을

　　 | 나의 사생활을 보호하기 위해서, 나는 창문을 닫았다.

어휘 | ☆ so as to ~하기 위해서　☆ protect 보호하다　☆ privacy 사생활　☆ shut-shut-shut 닫다　☆ window 창문

description of the sample

　비교 문장과 그 위의 예문에서 보듯이 부사(구/절), 주어+동사~.와 같은 문장구조야. 이러한 문장구조에서 부사어구는 문장을 수식하는 수식어로 취급해. 여기서 문장이란 표현은 부사어구+콤마(,) 뒤에 오는 주어+동사 이하를 말하는데, 여기서의 문장이라 불리는 주어+동사 이하는 기본 문장의 형식을 결정하는 (기)본절이라 불러도 될 것 같아.

부사(구/절), 본절(기본 문장의 형식을 결정)
　M　　　　　　　　S + V ~

↓[주절]　　　　　↓[종속절]
[Follow me] [if you are curious].
　V　　O　　　　M

해석 | 따라와 /나를 /만약 네가 궁금하다면

　　　| 만약 네가 궁금하다면, 나를 따라와.

어휘 | ☆follow 따라가다, 따라오다　☆curious 궁금한

부사절이 주절 뒤로 오면 주어+동사~ 접속사+주어+동사~. 문장구조가 돼.
　　　　　　　　　　　　　　주절　　　　　종속절

주어와 동사 이하를 이끌어 부사절로 쓰이는 종속접속사에는 아래와 같은 것들이 있어. 이 접속사들은 주어와 동사 이하를 이끌어 시간, 조건 등을 나타내면서 수식어(부사절)로 쓰여.

시간의 접속사: when ~할 때, while ~하는 동안에, since ~이후로

조건의 접속사: if 만약에 ~라면, unless 만약 ~가 아니라면

이유의 접속사: because 왜냐하면, ~때문에, as ~하므로

양보의 접속사: though 비록 ~일지라도, although, even though, even if

목적, 결과의 접속사: so that ~하기 위해서, 그래서 / in order that ~하기 위해서

주어와 동사 이하를 이끌어 부사로 쓰이는 것을 종속접속사라고 함은 물론이야! 명사(구)를 이끌어 한 의미 단위(부사/형용사)로 쓰이면 전치사라고 하듯이 말이지.

↓전치사로 쓰인 before
Do not eat it before breakfast.
V   O   동사 Do not eat 수식 / M

해석 | 먹지 마세요 /그것을 /아침(식사) 전에

↓접속사로 쓰인 before
Drink water before you take a test.
본절(주절)   종속절/ M

해석 | 마셔라 물을 /시험을 보기 전에

2. 명사절 접속사

접속사가 주어와 동사 이하를 이끌어 명사로서 주어, 보어, 목적어로 쓰이는 것을 말해.

↓주어와 동사 이하를 이끌어 목적어(명사절)로 쓰인 접속사 that(~것)
Jesus said that the first commandment /is /to love God.
S   V   O [that S+V~]

해석 | 예수님은 /말씀하셨다 /that 이하(첫 번째 계명은 /이다 /하나님을 사랑하는 것)를

     | 예수님은 첫 번째 계명은 하나님을 사랑하는 것이라고 말씀하셨어.

어휘 | ☆commandment 계명

그것이 목적어나 보어로 쓰일 때는 접속사 that이 생략되기도 해.

↓명사절 접속사로 쓰인 **if**(~인지 아닌지)

I am curious if he has a name.
S   V(beV+형용사)   O [if S+V~]

해석 | 나는 /궁금하다(이다 궁금한) /그가 이름을 가지고 있는지 아닌지를

| 나는 그가 이름을 가지고 있는지 궁금하다

어휘 | ☆curious 궁금한

if나 whether는 ~인지(아닌지)의 의미로 명사절 접속사로 쓰일 수 있어.

형용사 뒤에는 형용사의 목적어가 오는 경우가 있기 때문에, 위 예문에서 am curious를 하나의 동사로 취급할 수 있어.

|명사절과 부사절로 쓰인 문장구조의 예|

S+V+O(if/when +S+V~).
　　　명사절

S+V+O+M(if/when +S+V~).
　　　　부사절

[명사절로 쓰인 의문사+주어+동사~]

I don't know [when she will go back /to New York].
S   V   O

해석 | 나는 /알지 못한다 /언제 그녀가 돌아갈지를 /뉴욕으로

| 나는 그녀가 언제 뉴욕으로 돌아갈지 알지 못해.

description of the sample

의문사+주어+동사~는 의문사절로서 명사절로 쓰일 수 있어. 의문사에는 when(언제), where(어디서), what(무엇), who(누가, 누구), why(왜), how(어떻게)가 있어.

위 문장에서 when을 접속사로 볼 수도 있지만, 의문사+주어+동사~ 형태의 의문사절 또는 간접의문문이라 불리는 명사절이 목적어로 쓰였다고 설명하는 문법책이 보통이야. 하지만 언어는 변화가 다양하고 when이 명사로 쓰일 때도 있다(the when)는 점에서 'when은 부사절 접속사이거나 의문사이다'라기보다는 문장의 요소와 품사 그리고 문장구조에서의 위치와 다른 어휘와의 관계에 따라 어휘의 쓰이는 범위가 확정된다고 생각하는 것도 나쁠 것 같지 않아. 그런 의미에서 보면 위 예문에서의 when은 명사절 접속사로 쓰였다고 생각해도 나쁘지는 않아. 왜냐하면 위 예문에서 when 이하는 그 앞에 생략된 선행사 the time을 수식하는 관계절인 형용사절로 볼 수도 있는데, 선행사가 생략되었으므로 결국 목적어로 쓰여야 할 생략된 선행사를 대신하는 목적어로 볼 수 있기 때문이야.

다른 예로는 복합관계사가 있는데, 복합관계사가 명사절이 아닌 부사절을 이끌 때 복합관계사는 포함할 선행사가 아예 없어서, 이때는 이를 복합관계사가 아닌 단순한 부사절 접속사로 보는 것이 옳다고 보아~ (209쪽 참고)

notion

절과 절을 대등하게 연결해 주는 접속사를 등위접속사라고 해. 등위접속사에는 and, or, but, yet, so 그리고 for가 있어. 이 중 and, or 그리고 but은 문장의 요소(예: 주격보어와 주격보어), 품사 (예: 부사와 부사)를 대등하게 연결하기도 해.

sample of sentence

↓and로 to의 목적어(명사)를 대등하게 연결

I have been to (**Italy, Ireland, and the UK**).
S   V   M

해석 | 나는 /(지금까지) 있어본 적이 있다 /이탈리아, 아일랜드 그리고 영국에서

| 나는 이탈리아, 아일랜드 그리고 영국에 있어본 적이 있어.

and 바로 이전의 ','는 생략하기도 해.

sample of sentence

↓절과 절을 대등히 연결하는 등위접속사 so

It was still painful, so I went to the dentist.
S   V   SC   CONJ S V   M

해석 | 그것은 /이었다 /여전히 고통스러운 /그래서 /나는 /갔다 /치과 의사에게

| 그것은 여전히 고통스러웠다, 그래서 나는 치과 의사에게 갔다.

어휘 | ☆still 여전히 ☆painful 고통스러운 ☆dentist 치과 의사

description of the sample

so는 부사로서 '매우, 그렇게'라고 보통 해석되지만 접속사로 쓰일 때는 그래서라고 해석돼. 등위접속사는 절과 절을 연결할 때 접속사 앞에 ','가 쓰이는 것이 보통이야.

따라서 so, yet, for 앞에 ','가 있으면 접속사로 의심해 보고, and, or, but 앞에 ','가 있으면 절과 절을 연결하는 것이 아닌가 의심해 보면 문장구조가 더 쉽게 보일 거야. 접속사 yet은 그러나의 의미이고 접속사 for는 ~때문에라는 의미야.

sample of sentence

대등하게 절과 절을 연결하는 but↓   종속절과 주절을 연결하는 ','↓

[Jesus /was /in the world], but [though the world was made /through him, the world /
대등절.   but   대등절[종속절, 주절]
did not recognize /him]. [S+V~], but [though S+V~, S+V~].

해석 | 예수님이 /계셨다 /세상에 /그러나 /비록 세상이 지은 바 되었지만 /그를 통해서 /세상은 /알아차리지 못했다 /그를

| 예수님이 세상에 계셨지만, 비록 세상이 그로 말미암아 지은 바 되었을지라도, 세상은 그를 알아차리지 못했어.

어휘 | recognize 알아차리다

구문 | 등위접속사로 연결되는 절을 등위절 또는 대등절이라고 불러.

sample of sentence

[절]과 [절]을 연결하는 and↓   ↓명사와 명사를 연결한 and

[It is a good climate for raising livestock], and [meat and dairy products match
S   V   SC   M   S   V
for the energy needs of people].
M

해석 | 그것은 /이다 /좋은 기후 /기르는 데는 가축을 /그리고 /고기와 낙농제품은 /적합하다 /사람들이 필요한 에너지에

| 가축을 기르는 데에는 좋은 기후이다, 그리고 고기와 낙농제품은 사람들이 필요한 에너지에 적합하다.

어휘 | climate 기후   raise 기르다, 올리다   meat 고기   dairy 낙농의   product 제품

| match 적합하다, 어울리다   energy 에너지   needs 필요

↓전치사   ↓접속사

for me to do~ / , for I do

notion

절과 절을 연결하여 문장을 만드는 것이 아니라, 앞 문장의 뜻을 뒤의 문장에 이어줄 때 쓰는 표현이 접속부사야. 앞 문장은 '.'로 끝나거나 ';'으로 문장이 끝나지만, 앞 문장의 내용을 받아서 뒷 문장에서 그 내용을 이어간다고 하는 표현(부사)을 접속부사라고 해.

sample of sentence

↓접속부사

The suit looked very nice; It was expensive, though.
  S   V   SC   S   V   SC   M

해석 | 그 정장은 /보였다 /매우 멋진 /그것은 /이었다 /비싼 /그렇지만(매우 멋지지만)

| 그 정장은 매우 멋지게 보였어. 그렇지만, 그것은 비쌌어.

어휘 | ☞suit 정장 ☆nice 멋진

description of the sample

세미콜론(;)은 문장이 마침표에 의해서 끝나지만, 그 뉘앙스가 쉼표에 의해서 뒷 문장에 이어진다는 의미야. 접속부사로 쓰이는 어휘에는 though(그렇지만)와 therefore(그래서)가 있어.

Enoch walked with God. Therefore, he did not taste death /because God
took /him /away.

해석 | 에녹은 /걸었다 /하나님과 함께. 그래서(하나님과 함께 걸었기에) /그는 /맛보지 않았다 /죽음을 /왜냐하면 하나님이

데려갔기 때문에 /그를 /멀리(이 세상에서)

| 에녹은 하나님과 동행했어. 그래서 하나님이 그를 데려갔기 때문에 그는 죽음을 맛보지 않았어.

어휘 | taste 맛보다   death 죽음   away 멀리

  상관접속사와 그에 대한 수일치

notion

두 단어 이상이 모여 단어, 구 또는 절을 대등하게 연결해줄 때, 그 두 단어 이상을 상관접속사라고 해.

상관접속사가 주어로 쓰이는 명사와 명사를 대등하게 연결할 때는 and로 연결되지 않는 한 뒤의 명사에 동사의 수일치를 시켜.

ex: both A and B 복수동사

1. both A and B: A 와 B 둘 다 (항상 복수동사)

sample of sentence

Both she and I study in the library.

해석 | 그녀와 나는 /공부한다 /도서관에서

　　 | 그녀와 나는 도서관에서 공부한다.

어휘 | ☆library 도서관

2. B(뒤의 명사)에 수일치를 시키는 상관접속사

1) not A but B: A가 아니라 B이다

↓A ↓B .he에 동사 수일치(am, are가 아니라 is)
<u>Not I but he</u> is the thief.
 S   V   SC

해석 | 내가 아니라 그가 /이다 /그 도둑

| 내가 아니라 그가 그 도둑이다.

어휘 | thief 도둑

2) not only A but also B: A뿐만 아니라 B이기도 하다

↓A ↓B . I에 동사 수일치
<u>not only she but also I</u> am a member /of Mensa.
 S   V   SC

해석 | 오직 그녀만이 아니라 또한 나도 /이다 /구성원 /멘사의

| 그녀뿐만 아니라 나도 멘사의 구성원이다.

어휘 | member 구성원

비교) <u>Not only is she a member of mensa</u>, but also I am a member of Mensa.
        M   V S   SC   CONJ M S V   SC

해석 | 오직 그녀만이 멘사의 구성원인 것이 아니라, 나 또한 멘사의 구성원이다.

부정어 또는 only가 주어 앞으로 나오면 동사+주어 어순이 돼. 이 어순을 도치라고 불러.

3) either A or B: A이거나 B이다

↓ you에 수일치
Either she or you are going to be there.
　　　S　　　　　　V　　　　　　　M

해석 | 그녀 또는 네가 /있을 것이다 /거기에

　　 | 그녀 또는 네가 거기에 있을 것이다.

either는 어느 하나로 선택될 수 있는 둘 모두를 의미해. or와 함께 쓰면 둘 중 하나의 의미로 쓰이고, not 등 부정어와 함께 쓰면 둘 모두 어느 하나로 선택될 수 없음을 의미해.

↓against의 목적어
If angels conducted war against **either the occupied territories or evils**, no stone
CONJ　S　　　　V　　　　O　　　　　　　　　　M　　　　　　　　　　　　S

would stand on top of another in either place.
　　　V　　　　　　M

해석 | 만약 천사들이 전쟁을 수행한다면, 점령 지역이나 악마들 양쪽 그 어디서든지, (전쟁을 당한) 양쪽 지역 어느 곳에

　　 | 서도 돌 하나도 제대로 남아 있지 않을 거다.

어휘 | ☆conduct 수행하다 ☆occupy 점령하다, 차지하다 ☆territory 지역, 영역

4) neither A nor B: A도 아니고 B도 아니다

.the captain에 수일치

<u>Neither the sailors nor the captain</u> was frightened.
　　　　　　　S　　　　　　　　　　　　V

해석 | 선원들도 선장도 겁을 먹지 않았다.

어휘 | sailor 선원　captain 선장　frighten 겁을 주다

　예문에서 선원들과 선장 둘 중 선원들은 겁먹게 선택될 수 없음을(neither=not either), 선장 또한

겁먹게 선택될 수 없음을(nor=not or) 의미해.

 분사구문

notion

분사가 분사 이하를 이끌어 문장의 형식을 결정하는 본절에 종속되어 본절과 한 문장을 이룰 때, 이를 분사구문이라고 해.

1. 현재분사 구문

sample of sentence

[본절]　　　　　　　　　　　　　　　[분사구문]
[The fisher man was giggling], [holding /a huge fish].
　　S　　　　　V　　　　　　　　　M (종속어구)

해석 | 그 어부는 /웃고 있었다 /들고서 /거대한 물고기를

　　　 | 그 어부는 거대한 물고기를 들고서 웃고 있었다.

어휘 | ☆fisher man 어부　☆giggle 웃다　☆hold 잡다　☆huge 거대한　☆fish 물고기

　　　　　　　　　　　　　　　　　　　　　[생략: 접속사, 주어, be동사]
비교) The fisher man was giggling, [and the fisher man was] holding a huge fish.
　　　　　　　　　　　　　　　　　　CONJ　　　　　S　　　　beV

해석 | 그 어부는 웃고 있었다, 그리고 그 어부는 거대한 물고기를 들고 있었다.

[분사구문]
[본절]
[Being /a student], [he studied hard].
M · S V M

해석 | 있으면서 /학생으로 /그는 /공부했다 /열심히

| 학생이기에, 그는 열심히 공부했다.

어휘 | student 학생　hard 열심히

[생략: 접속사, 주어]　↓being으로 고침
비교) [Because he] was a student, he studied hard.
CONJ　S

해석 | 그는 학생이었기 때문에 열심히 공부했다.

sample of sentence

[본절]
접속사↓ [분사구문]　↓분사구(준동사, 보어, 수식어)
[Her ivory sneakers turned brown] [after having been **worn** /for 2 years].
S　V　SC　M

해석 | 그녀의 아이보리색 운동화는 /변했다 /갈색으로 /닳은 이후로 /2년 동안

| 2년 동안 닳은 이후로, 그녀의 운동화는 갈색으로 변했다.

어휘 | sneakers 운동화 1짝　brown 갈색　wear-wore-worn 입고 있다　worn 입던, 낡은

접속사는 문장에서 그 의미를 분명히 해주기 위해서 생략하지 않을 수도 있어.

생략　　↓having been으로 고침
비교) Her ivory sneakers turned brown after [her sneakers] had been worn for 2 years.

현재분사는 동사원형+ing이기에, 과거완료 had been을 현재분사로 바꾸면 having been이 돼.

2. 과거분사 구문

[Used /as an abbreviation /for Christmas], ["X-mas" means Christmas].

[분사구문] / [본질]

M   S   V   O

해석 | 사용되면서 /생략형으로 /크리스마스의 /"x-mas"는 /의미한다 /크리스마스를

| 크리스마스의 생략형으로 사용되면서, "x-mas"는 크리스마스를 의미한다.

어휘 | ☆abbreviation 축약, 생략　☆mean 의미하다

비교) [Since "**x-mas**" has been] used as an abbreviation for Christmas,

[생략: 접속사, 주어, has been] ↓과거분사

종속절

"x-mas" means Christmas.

주절(본절)

해석 | "x-mas"가 크리스마스의 생략형으로 사용되면서, "x-mas"는 크리스마스를 의미한다.

　종속절에서 수동태 문장일 경우, 과거분사 이하만 남겨놓고 접속사부터 과거분사 이전까지 생략해서 과거분사 구문을 만들 수 있어. 하지만 be동사를 현재분사로 만든 후 be동사 이하를 생략하지 않고 살릴 수도 있어. 따라서 위 문장은 Being used as an abbreviation for Christmas, "x-mas" means Christmas처럼 바꿀 수도 있는 것이지.

[분사구문]
[No food left /in the habitat], [many animals have suffered from hunger].
　　　M　　　　　　　　　　　　　　　S　　　　　　V　　　　　　　　M
[본절]

해석 | 음식이 남겨지지 않아서 /서식지에 /많은 동물들이 /고통받아 왔어 /굶주림에

| 서식지에 음식이 남겨지지 않아서, 많은 동물들이 굶주림에 (지금까지) 고통받고 있어.

어휘 | leave-left-left 남겨두고 떠나다　habitat 서식지　suffer 고통을 겪다

description of the sample

주절의 주어와 종속절의 주어가 다른 경우, 종속절을 분사구문으로 전환할 때 종속절의 주어

No food는 생략할 수 없어.

[생략: 접속사(Since), be동사(was)]
비교) [Since no food was left in the habitat], many animals have suffered from hunger.
　　　　　　　　　　종속절　　　　　　　　　　　　　　　　　　　　주절

해석 | 서식지에 음식이 남겨지지 않은 이후로, 많은 동물들이 굶주림에 (지금까지) 고통받고 있어.

notion

문장에 있는 명사를 꾸며주는 형용사로 쓰이는 절(ex: S [S+V~] + V~.)에는 관계절이라는 것이 있어. 관계절 안에는 관계절이 수식하는 명사의 의미를 받아서 쓰이는 애들이 있는데 그 애들을 관계사라고 해. 한편 관계절의 수식을 받는 명사는 선행사라고 해. 관계사는 관계절을 본절에 이어주는 접속사의 역할로도 쓰이는 것이지.

unit 1 관계대명사

notion

명사(선행사)를 꾸며주는 관계절 내에서 선행사를 받아서, 선행사 대신에 쓰이는 명사를 관계대명사라고 해. 따라서 관계절이 꾸미는 선행사와 관계절 내에 있는 관계대명사는 동격 관계에 놓여.

sample of sentence

I want to be /a man [who is honest /with God].
S   V   O   S   V   SC

S+V+O=3형식 문장

해석 | 나는 /원한다 /있기를 /한 남자로 [이 한 남자는 /이다 /정직한 /하나님과 함께]

| 나는 [하나님과 정직한 누구(who)인] 한 남자로 있기를 원해.

어휘 | ☆want 원하다 ☆honest 정직한

관계절은 선행사 뒤에 놓여. 관계대명사는 명사이기에 관계절 내에서 주어, 보어, 목적어로 쓰여. 주어와 보어로 쓰일 때는 주격을 쓰고 목적어로 쓰일 때는 목적격을 쓰는데 이는 선행사가 사람이냐, 사물이냐에 따라서 관계대명사의 표현이 달라져. 관계대명사를 포함한 관계사는 관계절

내에서 맨 앞에 위치해.

선행사	관계절		
	주어로 쓰인 관계대명사(주격)	보어로 쓰인 관계대명사(주격)	목적어로 쓰인 관계대명사(목적격)
사람	who+V~	who+S+V~	who(m)+S+V~
사물	which+V~	which+S+V~	which+S+V~

1. 주어로 쓰인 관계대명사

sample of sentence

↓선행사(사물)　　↓S(관계대명사) ↓V the house 와 수일치

The house [which is made with bread] is mine.
　　　　　　　　　　S　　　　　　V　SC
　　　　=which(The house) is made with bread

해석 | 그 집은 [빵으로 만들어진 어느 것(which)인] /(그 집은) 이다 /나의 것

　　　　| [빵으로 만들어진] 그 집은 나의 것이다.

어휘 | bread 빵　mine 나의 것

2. 보어로 쓰인 관계대명사

↓선행사　　↓to be의 보어로 쓰인 관계대명사
He was **the hero** [who everyone wanted to be].
S　V　　　　　　　SC [everyone wanted to be who (hero)]

해석 │ 그는 /이었다 /영웅 [모두가 되기를 원했던 누구(who)인]

│ 그는 모두가 되기를 원하는 영웅이었다.

어휘 │ ☆hero 영웅

　예문에서 관계절의 who는 everyone wanted to be who에서 who를 관계절의 맨 앞에 위치시킨 경우야. 원래 관계대명사 who는 to be의 보어로 wanted의 목적어인 to be와 함께 목적어로 쓰이기에 to be 뒤에 와야 하지만, 관계대명사라서 관계절의 맨 앞에 위치시키고 있어.

3. 목적어로 쓰인 관계대명사

↓선행사　　　　↓전치사 like의 목적어로 쓰인 관계대명사
Her mother [who she wants to be like] has a good heart.
　　　　　　　S　　　V　　　　O
=She wants to be like who (Her mother)

해석 │ 그녀의 어머니는 [그녀는S 원한다V 있기를O 누구(who)처럼] /가지고 있다 /선한 마음을

│ 그녀가 되기를 원하는 누구인 그녀의 엄마는 선한 마음을 가지고 있다.

description of the sample

전치사 like의 목적어인 who가 관계절의 맨 앞에 위치하고 있어. 목적격 관계대명사는 선행사가 사람일 경우 whom이지만 who를 쓰기도 해.

4. 소유격으로 쓰인 관계대명사

notion

소유격으로 관계대명사를 쓰는 경우에는 whose를 사용해. 단 선행사가 사물인 경우에는 whose 대신 of which를 쓰기도 해.

소유격 관계대명사는 다른 명사와 함께 관계절 내에서 주어, 보어, 목적어로 쓰여.

sample of sentence

↓선행사   ↓주어로 쓰인 '소유격 관계대명사 + 명사'
I know **the city** [whose name means 'chocolate town'].
S   V   O   [S   V   O   ]
          =whose (the city's) name means 'chocolate town'
             그 도시의 이름은S   의미한다V   '초콜릿 마을'을O

해석 | 나는 /알고 있어 /도시를 [그 도시의 이름은 /의미한다 /'초콜릿 마을'을]

| 나는 이름이 초콜릿 마을을 의미하는 도시를 알고 있어.

어휘 | mean 의미하다, 뜻하다   chocolate 초콜릿   town 마을

비교) I know the city [of which the name means 'chocolate town'].
                        S   V   O
          =the name of which(the city) means 'chocolate town'

5. 전치사의 목적어로 쓰인 관계대명사의 위치

notion

관계대명사가 전치사의 목적어로 쓰였을 때에는, 전치사를 관계대명사 앞에 위치시킬 수 있어.

sample of sentence

She married **an American man** [with whom /she /has /a son].

=with the American man she has a son

해석 | 그녀는 /결혼했었다 /미국 남자와 [그 미국 남자와 함께 /그녀는 /가지고 있다 /아들을]

| 그녀는 같이 슬하에 아들을 하나 두고 있는 미국 남자와 결혼했었어.

어휘 | ☆marry ~와 결혼하다 ☆American 미국인 ☆son 아들

6. 선행사 바로 뒤에 놓이지 않는 관계절

notion

의미를 분명히 해주기 위해서 관계절은 선행사와 떨어져서 뒤에 놓일 수가 있어.

sample of sentence

We sent food to people /in poor countries [who /might need].

=who(people) might need

해석 | 우리는 /보냈다 /음식을 /사람들에게 /가난한 나라의 [그 가난한 나라의 사람들은 /필요할지도 모른다]

| 우리는 음식이 필요할지도 모르는 가난한 나라의 사람들에게 음식을 보냈어.

어휘 | ☆send-sent-sent 보내다 ☆poor 가난한 ☆country 나라, 시골 ☆need 필요하다

7. 관계절 앞의 내용을 선행사로 보는 관계대명사 which

notion

which는 명사 외에도 관계절 앞에 있는 단어들의 내용을 받아서 관계대명사로 쓰일 수 있어.

sample of sentence

계속적 의미 　　　　↓ My pet dog died의 의미를 받은 관계대명사 which

My pet dog died, [which made me sad].
　S　　　V　　　　S　　　V　　O　OC

=That my pet dog died made me sad
　　　　　S　　　　　　　V　　O　OC

해석 | 나의 애완견은 /죽었다 [(나의 애완견이 죽었다는) 그것은 /만들었다 /나를 /슬픈]

| 나의 애완견은 죽었고 그것은 나를 슬프게 만들었다.

어휘 | pet 애완의, 애완동물　die 죽다　make-made-made 만들다　sad 슬픈

description of the sample

which가 나의 애완견은 죽었다는 의미로 관계절에서 주어로 사용되고 있어.

관계절 바로 앞에 ',(쉼표)'가 쓰이면 관계절은 선행사를 수식하지 않고 관계사만 선행사의 의미를 받아서 문맥이 이어진다고 생각하면 돼.

8. 관계대명사 that

관계대명사 that은 선행사가 사람이든지, 사물이든지 가리지 않고 관계대명사로 쓰일 수 있어.
단 소유격으로는 쓰이지 않고, 계속적 의미의 ','와 함께 쓰이지 않으며, 전치사의 목적어로 관계
절 내에서 쓰일 때 전치사와는 관계절 맨 앞에서 나란히 쓰이질 않아.

↓선행사　　　　↓관계절 내에서 with의 목적어로 쓰인 관계대명사 that
Here is **the pass** [that you can use with].
M　　V　　　　　　　　S

=you can use with that (the pass)

해석 | 여기에 /있어 /패스가 [이 패스를 가지고(with pass) 너는 이용할 수 있어(지하철 등을)]

　　 | 여기에 패스가 있고, 너는 이 패스로(지하철 등을) 이용할 수 있어.

=which you can use with

=with which you can use

≠with that you can use
　　└ 관계대명사 that은 전치사와 나란히 쓰이지 않는다.

↓선행사: 사람 +사물　　　　　　　↓관계대명사
I like the girl and her dog [that have fun together].
S　V　　　　　O　　　　　　　S　　V　　O　　M

해석 | 나는 /좋아한다 /그 소녀와 그녀의 개를 /그들은 /가진다 /재미를 /함께

　　 | 함께 즐거운 시간을 보내는 그 소녀와 그녀의 개를 나는 좋아한다.

어휘 | ☆fun 재미　☆together 함께

9. 관계대명사의 생략

관계절 내에서 목적어로 쓰이는 관계대명사는 생략될 수 있어. 단, 전치사의 목적어로 쓰이는

관계대명사는 전치사와 나란히 쓰일 때는 생략하지 않아.

sample of sentence

선행사 ↓생략된 관계대명사

Jesus was crucified for the people [(whom) he loves].
　S　　　V　　　　　　　　　　　　　　　M

=he loves the people

해석 | 예수님은 /십자가에 못 박히셨어 /사람들을 위해서 /그가 사랑하는 (사람들을 위해서)

　　 | 예수님은 그가 사랑하는 사람들을 위해서 십자가에 못 박히셨어.

어휘 | *crucify 못 박다

10. 관계대명사 what

관계대명사 what은 선행사를 포함하고 있어. 따라서 관계절인 what절은 문장에서 원래 선행사가 해야 하는 역할을 해. 즉, 선행사가 문장에서 보어로 쓰여야 하는 것이라면 그 선행사를 포함하는 관계대명사 what이 이끄는 관계절이 그 선행사 대신에 보어로 쓰이게 되는 것이지. 선행사가 문장 내에서 명사이듯이 선행사를 포함하는 what절이 주어, 보어, 목적어로 쓰일 수 있음은 물론이야.

sample of sentence

관계절 내에서 주어로 쓰인 관계대명사 what↓　　　[to fulfill의 목적어로 쓰인 관계절]

Jesus went and lived in Capernaum to fulfill [what /was said /through Isaiah the prophet].
　S　　　V　　　　　　　　　M　　　　　M　　[무엇은 /말하여졌다 /이사야 선지자를 통해서]

=the things [which was said through Isaiah the prophet.]

해석 | 예수님은 /갔다 그리고 지내셨다 /가버나움에서 /성취하기 위해서 /무엇을 /말해진 (무엇을) /이사야 선지자를 통해서

| 예수님은 이사야 선지자가 예언한 무엇을 성취하기 위해 가버나움에 가서서 사셨어.

어휘 | ☆fulfill 채우다, 성취하다　☆say-said-said 말하다　☆prophet 선지자, 예언자

11. 관계절 내에서의 생략과 관계구

관계절도 관계절을 본절과 연결하는 접속사가 필요해. 그 접속사의 역할을 해 주는 것이 바로 관계사야. 독해를 하다 보면 분사구문에서처럼 접속사인 관계사와 be동사가 생략된 것과 같은 문장을 발견하게 되고 종속절을 의문사+부정사구로 줄이듯이 관계사+부정사구로 줄여진 관계절을 발견할 때가 있어.

1) 관계절 내에서의 생략

sample of sentence

생략된 which 의 선행사 · ↓생략된 관계사+beV · 선행사 ↓관계대명사

He is a teacher /in our town, [(Which /is) a place [that needs help]].
S V   SC   (S   V)   SC   S   V   O

해석 | 그는 /이다 /한 선생 /우리 마을의 /우리 마을은 /이다 /한 장소 /그 장소는 /필요로 한다 /도움을

| 그는 우리 마을의 한 선생이야, 도움이 필요한 한 장소인 (우리 마을의).

어휘 | town 마을 need 필요하다

비교) He is a teacher in our town, a place that needs help.

description of the sample

that을 관계사로 하는 관계절이 생략된 which를 관계사로 하는 관계절 안에 들어와 있어.

2) 관계구

He needs a day to prepare /if he has /ten minutes [in which /to speak].
S   V   O   M   CONJ S V   O

=in which he can speak

해석 │ 그는 /필요하다 /하루가 /준비하기 위해서 /만약 그가 갖고 있다면 /10분을 /그 10분 안에 /말한다

│ 만약 그에게 연설할 수 있는 10분이 주어진다면, 그는 준비하기 위해서 하루가 필요하다.

if절 내에서 관계절의 주어가 if절의 주어와 같기 때문에 관계절의 주어, 동사를 to부정사구로

줄인 모습이야.

Being proud of oneself /is /foolishness, /but [/to the wise, [/what to pursue] /is
S   V   SC   CONJ   M   S   V

/to find out /who they are /as they admit /they do not deserve /to be respected].
                                    SC

해석 │ 자랑은 /이다 /바보 같은 짓 /그러나 /지혜로운 자들에게는 /무엇을 추구하는 것은 /이다 /발견하는 것 /그들이 누

구인지를 /그들이 인정하듯이 /그들은 가치가 있지 않다는 것을 /존경받을

│ 자랑은 바보 같은 짓이다. 그러나 지혜로운 자들에게는 무엇을 추구하는 것은 그들이 누구인지를 발견하고 그들

이 존경받을 가치가 있지 않다는 것을 인정하는 것이다.

notion

　　관계절에서 접속사로 쓰이는 관계사가 명사로 쓰이는 것과 달리 부사로 쓰이는 것을 관계부사라고 해. 이 관계부사를 전치사+관계대명사로 바꿀 수 있는데, 전치사+명사인 전치사구가 부사로 쓰일 수 있듯이 전치사+관계대명사가 관계부사로 쓰일 수 있음은 논리적 필연이야!

1. 선행사가 '장소'일 때는 where가 관계부사로 쓰여

sample of sentence

　·선행사(장소)　↓관계부사(=to which)
I know a park [where children are eager to go].
S　V　　O　[　M　　S　　　　　V　　　]
　　　　　　=children are eager to go where(to the park)

해석 ｜　나는 /알고 있어 /한 공원을 /거기에 /아이들은 /가고 싶어 해

　　　　｜　나는 아이들이 가고 싶어 하는 한 공원을 알고 있어.

어휘 ｜　·park 공원　·children 아이들　·be eager toV ~하고 싶어 하다

2. 선행사가 '시간'일 때는 when이 관계부사로 쓰여

sample of sentence

선행사(시간)↓ ↓관계부사(=at which)
There are times [when lawyers hide the truth for clients].
M   V   S   [M   S   V   O   M   ]
=lawyers hide the truth for clients when(at times)

해석 | 거기에는 /있다 /시간들이 /그 때에는 /변호사는 /숨긴다 /사실을 / 고객을 위해서

| 변호사들은 고객을 위해서 사실을 숨기는 때가 있어.

어휘 | ☆lawyer 법률가, 변호사 ☆hide 숨기다 ☆truth 사실 ☆client 고객

3. 선행사가 '이유'(reason)일 때는 why가 관계부사로 쓰여

sample of sentence

선행사(이유)↓ ↓관계부사(=for which)
There is another reason [why God must exist].
M   V   S   [M   S   V   ]
=God must exist for another reason

해석 | 거기에는 /있다 /다른 하나의 이유가 /왜 신은 존재함이 틀림이 없는 (이유가)

| 신이 틀림없이 존재하는 다른 이유가 있어.

4. 선행사가 '방법'(way)일 때는 how가 관계부사로 쓰여

notion

그런데, 선행사 way와 관계부사 how는 보통 함께 쓰지 않아. 즉 보통은 선행사 way나 관계부사 how 중 하나를 생략하는 형태로 쓰여.

sample of sentence

선행사(방법)↓
Jesus is the only way [our life is not to be nothing].
S V SC [S V SC]
=in which our life is not to be nothing

해석 | 예수님은 /이다 /유일한 길 /우리의 삶은 /아니다 /무가치한

| 예수님은 우리의 삶이 무가치하지 않을 수 있는 유일한 길이야.

어휘 | only 오직, 유일한   life 삶

목적어로 쓰인 생략된 선행사↓   [관계절이 선행사 대신 목적어로 쓰임]
I don't know (the way) [how I can be poor in spirit].
S V O

해석 | 나는 /알지 못한다 /어떻게 내 심령이 가난하게 있을 수 있는지를

| 나는 어떻게 내 심령이 가난하게 있을 수 있는지를 알지 못해.

어휘 | poor 가난한   spirit 심령

5. 관계부사의 생략

There is the heaven [(where) the poor in spirit belong].
=The poor in spirit belong where(to heaven).

해석 | 거기에는 /있다 /하늘나라가 /심령이 가난한 자들이 /속하는

  | 심령이 가난한 자들이 속하는 하늘나라가 있어.

어휘 | heaven 하늘나라 the poor 가난한 자들 spirit 심령, 영혼 belong 속하다

6. 관계부사를 대신하여 쓰일 수 있지만 보통 생략되어 쓰이는 that

To be honest with God and think of God as what he deserves to be is a way
[(that) I can be one of the poor in spirit].

해석 | 신에게 정직하고 그를 그가 당연히 여겨져야 할 그로서 생각하는 것이 /이다 /한 방법 /내가 심령이 가난한 이들 중 하나가 될 수 있는

  | 신에게 정직하고 그를 그가 당연히 여겨져야 할 그로서 생각하는 것이 내가 심령이 가난한 자가 될 수 있는 하나의 방법인 것 같아.

어휘 | honest 정직한 deserve ~할 가치가 있다 the poor 가난한 자들 spirit 심령, 영혼

 ## 복합관계사

notion

관계사+ever의 형태로 관계절 내에서 명사 또는 부사로 쓰이는 것을 말해. 복합관계사는 명사로 쓰이는 선행사를 포함하고 있어서 선행사를 포함하는 관계대명사 what처럼 명사절을 이끌지만 부사절 또한 이끌 수 있어(부사절을 이끌 때 복합관계사는 포함할 선행사가 아예 없어서 접속사로만 쓰여).

sample of sentence

↓복합관계사
We can choose [wherever we want to visit].
S   V   O[to visit의 O   S   V   O   ]
=any place which we want to visit

해석 | 우리는 /선택할 수 있다 /어디든지를 /우리가 /원하는 /방문하기를

| 우리는 우리가 방문하고 싶은 곳을 어디든지 선택할 수 있어.

어휘 | choose 선택하다 visit 방문하다

description of the sample

선행사를 수식해야 할 관계절이 선행사 대신 목적어로 쓰인 문장이야.

sample of sentence

↓복합관계사   의미상의 목적어↓   의미상의 주어   ↓준동사   ↓isA but B의 병렬구조   ↓생략
Whatever it is, there is nothing /for us /to be proud of but Jesus' cross (for us to be proud of).
M(부사절)   M   V   S   M   ↑의미상의 목적어
=no matter what   =we are proud of nothing but Jesus' cross

해석 | 그것이 무엇이든지 간에, 아무것도 없다 /우리에게는 /자랑스러워할 것이 /그러나 (있다) /예수님의 십자가 (우리가

자랑스러워할)

| 그것이 무엇이든지 간에, 우리가 자랑할 만한 것은 아무것도 없어, 예수님의 십자가 외에는.

어휘 | be proud of ~을 자랑스러워하다 cross 십자가

part 8 **가정법**

시제에 맞는 표현은 시제를 기준으로 확정된 의지나 가능 등을 표현할 수 있어.

가정법이란 표현하려는 시제(예를 들어 현재시제)보다 한 시제 이전 시제(예를 들어 과거시제)를 사용하여 표현하려는 시제(예를 들어 현재시점)까지 확정되지 않은 의지나 가능 등을 표현하고 싶을 때 쓰는 표현이야.

따라서 조동사의 과거형+동사의 원형은 현재시점(조동사의 현재형+동사의 원형)까지 확정되지 않은 마음 상태를 표현함으로써 주저하는 느낌이나 상대방의 의견을 묻는 공손한 표현처럼 느껴지고, 흔히 가정법 과거라 불리는 문장에서는 확정될 수 없는 사실을 표현함으로써 확정되기를 바랐던 또는 확정될지도 몰랐던 잠재되었던 사실을 듣는 이나 읽는 이에게 느끼게 해.

unit 1 가정법의 시제

가정법은 보통 wish, if, as if와 쓰는 경향이 있어. 하지만 항상 그런 것은 아니고 조동사의 과거형+동사원형(가정법 과거), 또는 조동사의 과거형+have Ved(가정법 과거완료)만을 써서 주저하거나 공손한 표현 등 확정되지 않은 사실을 표현할 수 있어. 예를 들어서 should have listened는 과거에 들었어야 했는데, 듣지 않았다는 의미를 가질 수가 있어.

1. 가정법 과거

　현재의 기정 사실에 반대되는 현재를 향한 과거의 바람이나 과거의 상태에 따라 현재의 사실이 될 수 있었던 일 등을 표현할 때 과거동사를 쓸 수 있는데, 보통 조동사의 과거형+동사원형 또는 were를 사용하는 경향이 있어. 그렇게 의미상 가정법 과거는 확정된 사실인 과거동사와 구별될 수 있어.

↓가정법 과거('예수님이 현재 없지만 있으면'이라는 가정을 나타내.)

I wish Jesus were with us, so that he could rule us.
S　V　　　　O　　　　　　　　　　M

해석 ｜ 나는 /소원해 /예수님이 우리와 함께 계시기를 /그러면 우리를 지도할 수 있을 텐데

　　　 ｜ 나는 예수님이 우리와 함께 계셔서 우리를 지도하기를 바라.

어휘 ｜ wish 바라다, 소원하다　rule 지배하다, 지도하다

↓있다면　　　　　↓지켜주실 텐데

If Jesus were /with us, he might keep us young.
　M　　S　　V　　　　　　　　　V　　O　OC

해석 ｜ 만약에 예수님이 계신다면 /우리와 함께 /그는 /지켜주실지도 모른다 /우리를 /젊게

　　　 ｜ 만약에 예수님이 우리와 함께 계신다면 그는 우리를 젊게 지켜주실지도 몰라.

어휘 ｜ keep 지키다, 유지하다　young 젊은

2. 가정법 과거완료

발생한 과거 사실과는 달리, 바랐던 과거 사실이나 과거에 일어날 뻔했음직한 일들을 표현할 때는 과거완료시제를 사용할 수 있어. 이때 조동사는 완료형으로 쓰이지 않으므로, 조동사의 과거완료가 아닌 조동사의 과거형+완료시제로 과거완료시점에 따라 과거에 발생될 수 있었던 잠재된 과거 사실을 표현할 수 있어.

가정법 과거완료 (과거에 있었다면)↓ 　　　　　　　　가정법 과거완료 (과거에 죽지 않았을 것이다)↓

She thought that if Jesus had been with them, her brother would not have died, but
　S　　　V　　　　　　　　　　　　　　　　　　　　　　　　　　　　　　　O　　　　　　　　　　CONJ
Jesus revived him when he came to them.
　S　　　V　　　O　　　　　M

해석 | 그녀는 /생각했다 /(that 이하를) 만약 예수님이 그들과 함께 있었더라면, '그녀의 형제는 죽지 않았을 것이다'라고 /

　　　그러나 /예수님은 /되살리셨다 /그를 /예수님이 그들에게 오셨을 때

　　| 그녀는 예수님이 그들과 함께 계셨으면 그녀의 형제가 죽지 않았을 것이라고 생각하였지만, 예수님이 그들에게

　　　오셨을 때 예수님은 그녀의 형제를 (죽음에서) 살리셨다.

어휘 | ☆think-thought-thought 생각하다 ☆die 죽다 ☆revive 되살리다 ☆come-came-come 오다

3. 혼합가정법

문장에 가정법 과거나 가정법 과거완료 등이 섞여 쓰이는 경우야.

↓가정법 과거 (있을 텐데)　↓가정법 과거완료 (있었더라면)

He might be one of Jesus' disciples if he had been honest with Jesus.
S　V　SC　M

해석 | 그는 /(현재에)있을지도 몰라 /예수님의 제자 중 하나로 /만약 그가 예수님께 (과거에) 정직했더라면

| 그가 예수님께 정직했더라면, 그는 (지금) 예수님의 제자 중 하나일 텐데.

어휘 | ⁎disciple 제자　⁎honest 정직한

| 독해 연습 |

종속절 접속사 - to give 주어↓　　　준동사↓ IO↓　DO↓

I /know nothing /about the Bible /except that God really wanted /to give /us /his
S　V　O　CONJ　S　M　V　O

word [because he lives /in his word {as he created /the world /by his will
CONJ　S　V　M　CONJ　S　V　O　M

/from nothing (like any physical matter can not be /by itself /from nothing /but
M　CONJ　S　V　M　M　CONJ

by God's will}].
M

해석 | 나는 /아무것도 알지 못해 /성경에 대한 /하나님이 진실로 원했다는 것을 제외하고는 /주는 것을 /우리에게 /그의

말씀을 /왜냐하면 그가 살고 있기 때문에 /그의 말씀 안에 /그가 창조하였듯이 /세상을 /그의 의지로 /아무것도

없는 상태에서 /어떤 물질도 있을 수 없는 것처럼 /그것 스스로 /아무것도 없는 상태에서는 /그러나 하나님의 의

지에 의해서만(어떤 물질이 있을 수 있듯이)

| 나는 성경에 대해서 아무것도 알지 못해. 아무것도 없는 상태에서는 어떤 물질도 있을 수 없지만, 하나님의 의지

로 아무것도 없는 상태에서 하나님이 세상을 창조하였던 것처럼 하나님이 그의 말씀 안에 살듯이 '하나님이 우리

에게 그의 말씀을 진실로 주기를 원했다'는 것을 제외하고는.

  # 가정법의 도치

notion

> if절과 함께 가정법이 쓰일 때, if를 생략하면 동사, 주어 어순의 도치가 일어나.

sample of sentence

↓가정법 과거　　　　　　　　　　　　↓가정법 과거　　　　　　↓선행사 the reason 생략　　　[관계절]
were you honest with yourself, you **would be interested in** [why Jesus was crucified for us]
　　M　　　　　　　　　　　　　　　　S　　　　V　　　　　　　　　　　　　O

=If you were honest~

because you want to be free from sin.
　　　　　　　　　M

해석 | 만약 네가 너 자신에게 정직하다면 /너는 /관심이 있을 텐데 /왜 예수님이 우리를 위해서 십자가에 박히셨었는

지를 /왜냐하면 (네가 자신에게 정직하다면) 너는 죄로부터 자유롭고 싶어 할 것이라서

| 만약 네가 자신에게 정직하다면 너는 왜 예수님이 우리를 위해서 십자가에 박히셨는지 관심이 있을 거야. 왜냐하

면 너는 죄로부터 자유롭고 싶어 할 거니까.

어휘 | ☆honest 정직한　☆be interested in ~에 관심이 있다　☆crucify 십자가에 박다　☆sin 죄

↓가정법 과거완료　　　　　　　　　　　　　　　　　↓가정법 과거완료
Had you **looked** /out of the window /this morning, you **might have seen**
　　　M　　　　　　　　　　　　　　　　　　　　　S　　　V

=If you had looked out~

what had happened.
　　O

해석 | 만약 네가 보았다면 /창문 밖을 /아침에 /너는 /보았을지도 모른다 /무엇이 발생했는지를

| 만약 네가 아침에 창문 밖을 보았다면, 너는 무엇이 발생했는지를 보았을지도 모른다.

어휘 | ☆window 창문　☆morning 아침　☆happen 발생하다

unit 1　도치구문 (동사+주어 어순)

notion

부정어, 부사(구), 보어, only 등이 주어 앞에 나와서 동사+주어 어순을 만드는 경우야.

sample of sentence

Because not only was she honest /with God, /but she was also faithful /to God,

God gave her Isaac.

해석　｜　왜냐하면 그녀가 정직했을 뿐만 아니라 /하나님께 /그녀는 성실했기 때문에 /하나님께, 하나님은 /주셨다

　　　　/그녀에게 /이삭을

　　｜　왜냐하면 그녀는 하나님께 정직했을 뿐만 아니라 성실했기 때문에, 하나님은 그녀에게 이삭을 주셨어.

부사(구/절) 뒤에 콤마(,)가 이어져서 그 뒤 문장을 부사(구/절)가 수식하는 경우와 달리, 도치가 일어나는 경우는 동사가 강조되는 것처럼 뉘앙스가 느껴지는 것 같아. 부정어(예를 들어 never)가 와도 도치가 일어나지 않는 경우들이 있는 것을 보면 말이야. 물론, 동사 앞에 쓰인 보어나 부정어가 강조되게 느껴지는 경우도 있어.

언어는 마음을 표현하는 것이 목적이라서 그에 따라 도치도 하는 등 사용표현이 다르고 그 사용표현에 따라 문법이 정해지는 것이지, 문법에 따라 사람들이 사용하는 언어표현이 달라지는 것이 아니야. 부사가 명사를 수식하기도 하고, ING form이 명사로 쓰였는지 형용사로 쓰였는지 구별하는 것이 어렵거나 무의미할 때도 있고, what이 의문사절인지 아니면 관계절인지 그 구분을 확정할 수 없는 경우도 있어.

notion

　주절에서의 주어와 종속절에서의 주어가 같을 때 주어와 be동사 등이 생략될 수 있듯이, 의미가 분명히 드러나는 경우에는 **문장 내의 반복되는 부분 등을 생략**하는 경우들이 있어.

sample of sentence

Sometimes humans are wolves /to others, and other times (humans are)
M　　　S　　V　　　　SC　　　　CONJ　　　M
↓생략 가능 부분

sacrificed lambs (to others).
SC
↓생략 가능 부분

해석 ｜ 때로는 /사람은 /이다 /늑대 /다른 이들에게 /그리고 /다른 때에는 /희생되어지는 어린 양

｜ 사람은 때로는 다른 이들에게 늑대이고 때로는 희생되는 어린 양이다.

어휘 ｜ ☆human 사람　☆wolf(pl. wolves) 늑대　☆sacrifice 희생하다　☆lamb 어린 양

|독해 연습|

The much more important thing /than any other thing /is /to love/God
S　　　　　　　　　　　CONJ　　　　　　　S　　V　　　SC
/because he put /his own Son /on the cross /as in love he created /us
CONJ　S　V　　　O　　　　　M　　　　CONJ　M　S　V　　　O
/in his own image /as he loves /the world.
M　　　　　CONJ S　V　　　O

해석 ｜ 많이(훨씬) 더 중요한 것은 /어떤 다른 것보다도 /이다 /사랑하는 것 /하나님을 /왜냐하면 그가 놓았기 때문에 /그 자

신의 아들을 /십자가에 /그가 사랑으로 창조하였듯이 /우리를 /그 자신의 형상으로 /그가 사랑하는 것처럼 /세상을

｜ 다른 어떤 것보다도 정말 더 중요한 것은 하나님을 사랑하는 것이다, 왜냐하면 그가 사랑으로 우리를 그 자신의

형상으로 창조하였듯이 (우리를 위해서), 그 자신의 아들을 십자가에 놓았기 때문이다.

어휘 ｜ ☆important 중요한　☆thing ~것, 사물　☆own 자신의, 고유의　☆cross 십자가

notion

콤마(,)와 콤마(,) 사이에 삽입이 들어갈 수 있어. 관계대명사와 be동사가 생략되어서 이루어진 동격어구나 설명 또는 의미를 보충하려고 보통 쓰여.

sample of sentence

↓삽입 구문(추가정보라고 볼 수 있어. 또는 who is가 생략되었다고 생각해도 돼.)

Elijah, a farmer, was chosen by God /because he had been disciplined /as a farmer /by God.

해석 | 농부였던 엘리야는 /선택을 받았어 /하나님에 의해서 /왜냐하면 그는 훈련되어졌기 때문에 /농부로서 /하나님에 의해서

| 농부였던 엘리야는 하나님에 의해서 선택받았어, 왜냐하면 그는 하나님에 의해서 농부로서 훈련되었기 때문이야.

어휘 | farmer 농부   choose-chose-chosen 선택하다   disciple 훈련하다

sample of sentence

↓삽입   ↓생략 가능 부분   ↓생략 가능 부분

He, Jesus, was spat, (he was) stoned, (he was) finally crucified by people, but he was innocent. Because [he was right **and** (he) pointed out their sin], they hated him.

해석 | 예수님은 /침 뱉음을 당하셨고 /돌로 맞았으며 /결국에는 /십자가에 못 박히셨다 /사람들에 의해서 /그러나 /그는 /이었다 /죄 없는 /왜냐하면 그는 의롭고 지적했기 때문에 그들의 죄를 /그들은 /미워했다 /그를

| 예수님은 죄가 없으셨지만 사람들에 의해서 침뱉음을 당하셨고 돌에 맞으며, 결국에는 십자가에 못 박히셨다. 그가 의롭고 그들의 죄를 지적했기 때문에 그들은 그를 미워했다.

어휘 | spit-spat-spat 침 뱉다   stone 돌로 치다   finally 마침내   crucify 십자가에 못 박다   innocent 죄 없는

right 의로운   point out 지적하다   sin 죄

부 정	부분부정	긍 정
not	not always 항상 그런 것은 아니다	always
never	not every ~ 모두 그런 것은 아니다	every~
	not all 모두 그런 것은 아니다	all

sample of sentence

God didn't let Joseph be always a slave /as God wanted /to make /him /poor
S　　V　　　O　　　　OC　　　　CONJ　S　　V　　　　　O

/in spirit /to put /him /in charge /of the whole land /of Egypt /later.
　　　　　　　　　M

해석　|　하나님께서 항상 요셉을 종으로 내버려 두셨던 것은 아니야 /하나님이 원하셨던 것처럼 /만들기를 /그를 /가난한

/심령 안에서 /놓기 위해서 /그를 /책임 안에 /모든 땅의 /이집트의 /나중에

　　　　|　하나님께서 항상 요셉을 종으로 내버려 두셨던 것은 아니야, 하나님께서 그를 심령이 가난하게 만들기를 원하셨

던 것처럼, 나중에 이집트 전체 지역의 책임자로 세우기 위해서 말이지.

어휘　|　☆slave 노예　☆poor 가난한, 불쌍한　☆spirit 심령　☆put 놓다　☆charge 책임　☆whole 전체의　☆land 땅

☆later 나중에

[When the far more serious disaster comes /to us, we ask if there is God or not], but
　CONJ　　　　　　　　　　　S　　　　　　　　　V　　　M　S　V　　　　　　O

[because God cares for /us, /the world is still maintained]. What we have to ask
　CONJ　　S　　　V　　　O　　S　　　　　V + M　　　　　　　　　　　S

/is not about the disaster /but whether or not we deserve /to be protected /by God
　V　　　　　　　　　　　　　Mbut SC

/from disaster [which is caused /by our fault].
　　　　　　선행사　　　　　　　[관계절]

해석 | 훨씬 더 심각한 재난이 올 때 /우리에게 /우리는 /묻는다 /신이 있는지 없는지를 /그러나 /신이 돌보기 때문에 /우

리를 /세상은 /여전히 유지되고 있다. 무엇을 우리는 물어야 하는가는 /재난에 대해서가 아니라 /우리가 가치가

있는가이다 /보호되어질 /신에 의해서 /재난으로부터 /원인되어진 /우리의 잘못으로 인해

　　　 | 우리에게 훨씬 더 심각한 재난이 다가올 때, 우리는 어디에 신이 있는지를 묻지만, 신이 우리를 여전히 돌보기 때

문에 세상은 여전히 유지되고 있어. 우리가 물어야 할 것은 재난에 대해서가 아니라 우리가 우리의 실수로 인해

야기된 재난에 대해서 하나님에 의해서 보호되어야 할 가치가 있느냐야.

어휘 | 　serious 심각한　 disaster 재난　 care for 돌보다　 ☆still 여전히　 maintain 유지하다　 ☆whether ~인지 아닌지

deserve ~ 할 가치가 있다　 protect 보호하다　 ☆cause 야기하다　 ☆fault 잘못

[If satan hadn't thought (he could have made us unhappy) /as he induced /war,
S　　　　V　　　　　　　　　　　　　　O (S + V + O + OC)　　　　　　M (S + V + O + M)

종속접속사　　　　　　　if절의 목적어로 쓰인 종속절　　　　　if절의 부사절 접속사

disease, murder and so on /to our life], he might not have tried to make /us /away
　　　　　　　　　　　　　　　　　　　　S　　　　V　　　　　　　　　　　M

/from God /not as well as he tempted /us /to sin.
M　　　　　　　　S　　　V　　　O　　OC

해석 | 만약에 사탄이 생각하지 않았다면 /그가 우리를 불행하게 만들 수 있었을 것이라고 /그가 유도했던 것처럼 /전쟁, 질병, 살인을 그리고 그렇게 계속해서 /우리의 삶으로, /그는 /시도하지 않았을 지도 몰라 /만들려고 /우리를 /멀리 /하나님으로부터 /그가 유혹했던 것과는 달리 /우리를 /죄짓게

| 만약에, 그(사탄)가 전쟁, 질병, 살인 기타 등등을 우리의 삶으로 유도했듯이, 사탄이 우리를 불행하게 만들 수 있었을 것이라고 생각하지 않았다면, 그가 우리를 죄짓게 유혹했던 것과 달리, 그는 우리를 하나님으로부터 멀리 하려고 시도하지 않았을지도 몰라.

어휘 | ☆satan 사탄　☆think-thought-thought 생각하다　☆make 만들다　☆induce 유인하다　☆disease 질병　☆life 삶　☆try-tried-tried 시도하다　☆murder 살인　☆tempt 유혹하다　☆sin 죄짓다

[주절]

[A sinful woman /showed /greatest love /in the town /to Jesus] /[as she wet
     S   V   O   M   CONJ S V

(종속절)

/his feet /with her tears, wiped /them /with her hair, did not stop /kissing /his
   O   M   V   O   M   V   O

she V~, V~, V~ and V~의 병렬구조   ↓as 절의 종속접속사 because   (분사구문)

feet /and poured /perfume /on his feet /because she was so sad /{seeing the Pharisee
     CONJ   V   O   M   CONJ   S   V   SC   준V   seeing의 O

지각동사 seeing으로 인한 원형부정사 not give ~ and kiss

not give /him /water /for his feet /and kiss /him /for welcoming}].
seeing 의 OC

해석 | 한 죄 많은 여인이 /보여주었다 /가장 큰 사랑을 /그 마을 안에 있는 (사람들 중에서) /예수님께 /그녀가 적셨던 것처럼 /그의 발을 /그녀의 눈물로 /그리고 닦았던 것처럼 /그것들(feet)을 /그녀의 머리카락으로 /그리고 멈추지 않았던 것처럼 /키스를 /그의 발에 /그리고 부었던 것처럼 /향수를 /그의 발에 /왜냐하면 그녀는 매우 슬펐기 때문에 /보면서 바리새인이 주지 않는 것을 /그에게 /물을 /그의 발을 위해서 /그리고 키스하지 않는 것처럼 /그에게 /환대로

한 죄 많은 여인이 그 마을 안에 있는 사람들 중에서 예수님께 가장 큰 사랑을 보여주었다. 그녀가 그녀의 눈물로 예수님의 발을 적시고 그녀의 머리카락으로 닦았던 것처럼 그리고 그의 발에 키스를 멈추지 않고 그의 발에 향수를 부었던 것처럼. 왜냐하면 바리새인이 예수님께 발 닦을 물도 주지 않고 환영의 의미로 입맞춤도 하지 않는 것을 매우 슬퍼하였기 때문에.

어휘 | sinful 죄 많은   show 보여주다   wet-wet-wet 적시다   foot(pl. feet) 발   wipe 닦다   pour 붓다   perfume 향수   sad 슬픈   Pharisee 바리새인   welcome 환영하다

He always tries /to put /an aim /of his heart /to God /no matter if he finds himself

empty or not. The reason /why he puts /the aim /of his being /to God /is /that he is /by

God. /He wants /to know /the answer /of who he is. The reason /why he

stands /so poorly /in front of God /is /that he could find /how much shabby

/he is /in front of God /and realize /he is never [right and good] /as God,

Right and Good ever, reflects him. /As a mirror reflects /him, /he who

noticed /who he is /in front of [Right and Good] /from God /stumbles /with

empty soul /which was filled /with being proud and self righteousness. /Real

liberty /he found /from sin /is /not to deceive /himself, /but [/it /begins /when

he acknowledges /he is no one, empty and poor, /as Jesus said /"Blessed are

the poor /in spirit, /{for theirs /is the kingdom of heaven"}].

해석 | 그는 항상 시도한다 /두려고 /목적을 /그의 마음의 /하나님을 향하여 /그 자신이 공허할지 아닐지를 그가 발견하는 것은 문제되지 않는다. 그 이유는 /왜 그가 두는지를 /목적을 /그의 존재의 /하나님을 향하여 /이다 /그는 존재하기 때문이다 /신에 의해서. /그는 원한다 /알기를 /대답을/ 그가 누구인지에 대한. 그 이유 /왜 그가 서 있는지 /매우 형편없이 /신 앞에서 /이다 /그가 발견할 수 있는 것 /얼마나 많이 초라한 /그인지 /신 앞에서 /그리고 그가 깨달을 수 있기 때문이다 /그는 결코 의롭지 않고 선하지 않는다는 것을 /영원히 공의롭고 선한 하나님이 그를 비추듯이. /거울이 비추듯이 /그를 /알아챈 그는 /자신이 누구인지 /의와 선 앞에서 / 하나님으로부터 온 /비틀거린다 /빈 영혼과 함께 /그 영혼은 채워져 있었다 /교만과 자기 의로. /진정한 자유는 /그가 발견한 /죄로부터 /이다 /속이지 않는 것 /그 자신을 /그러나 /그것은 /시작한다 /그가 인정할 때 / 그가 특별하지 않고, 텅 비고 볼품없는 사람인 것을 /예수님이 말씀하셨듯이 /가난한 자에게 복이 있다 /심령 안에서 /그들에게 /천국 왕국이 있다.

그 자신이 공허하다는 것을 발견함을 문제 삼지 않고 그는 항상 하나님을 향하여 그의 마음의 목적을 두려고 시도한다. 그가 하나님을 향하여 그의 존재의 목적을 두는 이유는 그가 하나님에 의해서 존재하기 때문이다. 그는 그가 누구인지에 대한 대답을 알기를 원한다. 그가 신 앞에서 매우 형편없이 서 있는 그 이유는 영원히 공의롭고 선한 하나님이 그를 거울에 비추듯이 비추므로 그가 신 앞에서 얼마나 많이 초라한 그인지 발견할 수 있고, 그는 결코 의롭지 않고 선하지 않다는 것을 깨달을 수 있기 때문이다. 하나님으로부터의 의와 선 앞에서 자신이 누구인지를 알아챈 그는 빈 영혼과 함께 비틀거린다. 그 영혼은 교만과 자기 의로 채워져 있었다. 그가 발견한 죄로부터의 자유는 그 자신을 속이지 않는 것이고 진정한 자유는 그가 자신이 특별하지 않고, 텅 비고 볼품없는 사람인 것을 인정하면서부터 시작한다. 예수님이 심령이 "가난한 자에게 복이 있으니 그들에게 천국이 있다"고 말씀하신 것처럼.

When Mary saw /her son, Jesus, /crucified, /Jesus /also /saw /his mother
CONJ   S   V   O   OC   S   M   V   O

/who stumbled as if she sees end of her life. /her tears /out of her body
                                                              S

/made /her body /dried out. /Her heart's doing /best /by will /not to show
 V   O   OC   S

/her tears /made /her /feel /crampedness /as if she feels /not to know /how
              V   O   OC   CONJ S   V   O

to survive /when she is drowned /because she felt /grief /over her son's
                   CONJ S   V   O

feeling /grief. /What made her stand /is /for her to know her son's heart /that
                      S   V   SC

felt grief figuring out how much grief his mother felt. [/Both mother and son's heart
                                                                S

/were deserted /as their hearts were isolated /by brutal behaviors and contemptuous
 V   V   CONJ   S   V   M

looks of the world] /[as heart of God was deserted /by the world /which
                       CONJ   S   V

God loved as he let his own Son, Jesus, crucified for the world]. /The son
 M

/who figured out how mother's heart is /told /his disciple /"Look, she is your mother".
 S   V   IO   DO

해석 마리아가 보았을 때 /그녀의 아들 예수님을 /십자가에 못 박히는 /예수님은 /또한 /보았다 /그의 어머니를 /마치 그녀가 그녀의 삶의 끝을 보듯이 비틀거리는 그의 어머니를. /그녀의 눈물은 /몸 밖으로 나온 /만들었다 /그녀의 몸을 /마르게 /그녀의 마음이 하는 것은 /최선을 /의지로 /보이지 않기 위해서 /그녀의 눈물을 /만들었다 /그녀를 /느끼도록 /벗어날 수 없는 답답함을 /마치 그녀가 느끼듯이 /알지 못하는 것을 /어떻게 살아남을지를 /그녀가 익사되어질 때 / 왜냐하면 그녀는 느꼈기 때문에 /슬픔을 /그녀의 아들이 느끼는 /슬픔을. / 그녀를 서 있게 만드는 것은 /이다 /그녀가 아들의 마음을 아는 것이다 /어머니의 느끼는 슬픔을 헤아리면서 슬퍼하는 그녀의 아들(의 마음) /어머니와 아들의 마음은 /버려졌다 /그들의 마음이 고립되듯이 /잔인한 행위자들과 세상의 경멸 어린 시선에 의해서 /하나님의 마음이 버려졌듯이 /세상에 의해서 /그의 아들 예수님을 세상을 위해 십자가에 못 박히게 내버려 두신 하나님이 사랑한 세상에 의해서. /그 아들은 /어머니의 심정을 헤아린 그 아들은 /말했다 /그의 제자에게 /"보아라! 그녀는 너의 어머니이다."

마리아가 십자가에 박히는 그녀의 아들 예수님을 보았을 때, 예수님도 또한 마치 어머니 자신의 삶의 끝을 보듯이 비틀거리는 그의 어머니를 보았다. 몸 밖으로 나온 그녀의 눈물로 인해 그녀의 온몸은 말랐다. 그녀의 눈물을 보이지 않기 위해서 의지적으로 최선을 다하는 그녀의 마음이 하는 것은 마치 익사당할 때 어떻게 살아남을지를 알지 못하여 느끼는 벗어날 수 없는 답답함이다. 왜냐하면 그녀는 그녀의 아들이 자신을 보면서 느끼는 슬픔을 느꼈기 때문이다. 그녀를 서 있게 만드는 것은 어머니가 느끼는 슬픔을 헤아리면서 슬퍼하는 그녀의 아들의 마음을 아는 것이다. 자신의 아들 예수님을 세상을 위해 십자가에 못 박히게 내버려 두신 세상을 사랑한 하나님의 마음이 세상에 의해서 버려졌듯이, 어머니와 아들의 마음은 그들의 마음이 고립되듯이 잔인한 행위자들과 세상의 경멸 어린 시선에 의해서 버려졌다. 어머니의 심정을 헤아린 그 아들은 그의 제자에게 말했다. "보아라! 너의 어머니이다."

2차 전쟁 당시 몹시 추웠던 한 겨울, 어느 사진사가 말을 타고 가면서 이렇게 말했다고 해. "예수님을 한 번 보면 예수님을 믿겠다"고. 그러자 눈이 쌓이고 눈이 녹기 시작한 곳에서 사진을 찍으라는 음성이 마음에서 들렸대. 그래서 찍은 후 사진을 현상해 보니 예수님 모습이 보였대….